LE GRAND LIVRE DU STAFFORDSHIRE BULL TERRIER

Joanna de Klerk

LP Media Inc. Éditions

www.lpmedia.org

Données de publication

Joanna de Klerk

Le grand livre du Staffordshire Bull Terrier ---- Première édition.

Résumé : « Élever avec succès un chien Staffordshire Bull Terrier du chiot à la vieillesse »--- Fournie par l'éditeur.

ISBN: 979-8-89818-021-8

[1. Staffordshire Bull Terriers --- Documentaire] I. Titre.

Conception par Sorin Rădulescu

Première édition française, 2025

TABLE DES MATIÈRES

CHAPITRE 1
Présentation de la race

À propos de la race

Le Staffordshire Bull Terrier est l'une des races les plus populaires au Royaume-Uni, et il connaît également un grand succès en France, au Canada, en Nouvelle-Zélande et dans d'autres régions du monde. Avec ses origines ancrées dans les combats de chiens de l'Angleterre industrielle du XIXe siècle, cette race tend à polariser l'opinion publique. Beaucoup de personnes craignent encore le Staffie, le considérant comme dangereux. Mais ceux qui ont appris à connaître le Staffordshire Bull Terrier en tant que propriétaires défendent ardemment sa réputation, affirmant que le Staffie est un chien de famille loyal et affectueux avec un sourire radieux, et l'une des rares races recommandées par la Société Centrale Canine comme étant sûre auprès des enfants.

Une partie du problème menant aux idées reçues concernant la race vient du fait que, en raison d'un élevage non réglementé depuis ses origines, sa composition génétique exacte peut être incohérente. Jusqu'à ces dernières années, les pedigrees traçables n'existaient pas. Il est généralement admis que la race est issue du Bull Terrier du XIXe siècle, qui était un croisement entre Bulldog et Terrier, élevé pour le triste spectacle des combats de chiens publics. Et lorsque cette race a été affinée par sélection pour devenir le Bull Terrier anglais, le Staffie a finalement émergé du Bull Terrier original, n'étant reconnu par la Société Centrale Canine qu'en 1935, après quoi un élevage plus réglementé a créé un standard de race.

Le Staffordshire Bull Terrier continue cependant de souffrir d'un élevage occasionnel, ce qui non seulement le conduit à être sévèrement surreprésenté dans les refuges pour animaux, mais entraîne également une grande variation de caractéristiques physiques et de tempéraments. Cela signifie que dans de nombreux cas, il n'est pas possible de faire des généralisations sur la race. Toutefois, les conseils donnés dans ce livre s'appuient sur les tendances moyennes observées chez la race.

Il convient de noter qu'aux États-Unis, l'American Staffordshire Terrier est légèrement mieux connu que le Staffordshire Bull Terrier britannique. Bien que les deux aient des ancêtres communs chez le Bull Terrier, et que les deux

Crédit photo :
Karolina Bajer

puissent être appelés « Staffie », ces races ne sont pas identiques. Cependant, une grande partie des conseils donnés dans ce livre s'appliquera également au cousin américain du Staffordshire Bull Terrier.

Apparence

Le Staffordshire Bull Terrier est une race de taille petite à moyenne, avec une constitution musclée. Sa force physique et sa force de caractère sont disproportionnées par rapport à sa taille modeste. Le Staffie est carré avec une posture large. Avec son poil court, chaque détail de la musculature du Staffie est bien visible, ce qui en a longtemps fait un chien traditionnellement apprécié des messieurs. Même la tête du Staffie semble musclée, avec des plis expressifs entre les yeux et des mâchoires puissantes formant un sourire caractéristique.

On peut décrire le Staffordshire Bull Terrier comme ayant une apparence authentique, ayant peu changé par rapport au Bull Terrier d'origine, vieux de plusieurs siècles. En fait, il ressemble tellement à l'ancien Bulldog anglais, aujourd'hui méconnaissable à cause de l'élevage intensif, que certains affirment que le Staffie provient uniquement de cette race, sans apport de Terrier. Cependant, comme les origines du Staffie ne sont pas officiellement documentées, la race actuelle possède forcément une génétique mixte. Le standard établi par la Société Centrale Canine permet néanmoins de définir un cadre clair pour son apparence.

Les Staffies peuvent varier considérablement en taille, mais mesurent généralement 35 à 40 cm de hauteur au garrot. Les Staffordshire Bull Terriers mâles sont plus grands que les femelles, pesant 13 à 17 kg, tandis que les femelles pèsent généralement 11 à 16 kg. Il existe une grande variété de couleurs de robe, notamment rouge, fauve, blanc, noir ou bleu (gris). Une autre variation populaire, le bringé, est une combinaison de poils noirs et bruns, et peut varier en nuance. Il donne une apparence de noyer poli ou parfois une rayure de tigre. Les Staffies sont parfois de couleur unie, mais ont plus communément du blanc sur la poitrine, les pattes, la tête ou le nez. La Société Centrale Canine

Crédit photo : Karolina Bajer

accepte toutes ces variations, mais les couleurs noir et feu ou foie ne sont pas favorisées en expositions.

Espérance de vie

Le Staffordshire Bull Terrier vit généralement plus de 12 ans, et bien que la race puisse souffrir d'une gamme de problèmes de santé détaillés au chapitre 13, ce livre vise à aider votre chien à vivre une vie bien remplie et en bonne santé.

Personnalité

La caractéristique la plus frappante du Staffie est son grand sourire, et cela représente vraiment l'immense affection que la race porte à sa famille humaine. Le Staffie est plein d'énergie et de joie, et la vie n'est jamais ennuyeuse avec un Staffie à proximité. De nombreuses personnes qui ont possédé des Staffies prennent tellement la race à cœur qu'elles n'auraient jamais d'autre race, ce qui démontre à quel point le Staffordshire Bull Terrier est mal compris dans la perception populaire. Les propriétaires de Staffie disent aussi généralement que leur chien pense qu'il est humain ! Bien que cela puisse être vrai pour de nombreuses races de chiens, cela illustre le lien spécial que le Staffie partage avec ses maîtres. En ce qui concerne les autres chiens, en revanche, le Staffie peut très bien s'en accommoder ou s'en désintéresser complètement.

Les Staffies sont pleins d'énergie et d'exubérance. Ils peuvent être trop intenses pour certaines personnes, donc il faut bien réfléchir à la capacité de la famille à faire face à une race aussi turbulente. Dans l'ensemble, les femelles seront plus calmes que les mâles Staffies, et moins réactives. Cependant, si vous sélectionnez un chiot, vous ne verrez sa véritable personnalité se révéler qu'au fur et à mesure qu'il grandit, et ne pourrez faire qu'une supposition éclairée à partir de sa lignée s'il possède un pedigree enregistré. Mais une éducation et une socialisation précoces, comme indiqué dans les chapitres 5, 6 et 7, peuvent aider à s'assurer que la personnalité de votre chien se développe dans la bonne direction. Si vous adoptez un chien adulte d'un refuge, vous savez ce que vous obtenez, car le chien aura eu une évaluation complète. Cependant, vous pourriez avoir quelques problèmes comportementaux à traiter en raison des mauvaises expériences antérieures de votre chien, ou de la négligence de son éducation.

Avec votre amour et vos soins, la personnalité ensoleillée innée de votre Staffie se révélera à mesure qu'il développera confiance et respect envers vous, son humain préféré.

À l'intérieur de la maison

Crédit photo :
Christine Wilson

Avec son poil fin et son besoin de contact humain, le Staffordshire Bull Terrier n'est pas fait pour vivre en permanence dehors, au fond du jardin. Il préférerait de loin vivre à vos côtés dans votre maison. Le problème est que la race peut être très turbulente, ce qui peut poser problème dans un espace confiné, surtout si vous avez des enfants. De plus, les Staffies s'ennuient facilement en raison de leur grande intelligence et peuvent devenir destructeurs. Quelques conseils pour y remédier sont donnés au chapitre 5.

Habitué un Staffie à la cage dès son plus jeune âge est une bonne idée. Un chiot grandira en considérant sa cage comme son espace sécurisé. Cela l'aidera à se sentir en sécurité, mais en même temps, cela donne également à la famille un moment de répit occasionnel face à ses pitreries énergiques. Si vous avez adopté un chien de refuge qui n'est pas habitué à une cage, il peut ne pas l'accepter immédiatement, voire pas du tout, mais mettre une cage à disposition avec une porte ouverte comme sa « tanière » peut conduire à son acceptation.

Vous pouvez en savoir plus sur la préparation de votre maison pour un Staffordshire Bull Terrier au chapitre 3.

Crédit photo : Emma Ceely

À l'extérieur de la maison

Nous avons déjà dit que les Staffordshire Bull Terriers sont pleins d'énergie, donc l'accès à un jardin sécurisé est indispensable. Dans votre jardin, votre chien pourra se défouler et se comporter vraiment comme un chien, ainsi que faire ses besoins de manière appropriée.

Les Staffies ont également besoin d'exercice régulier et d'opportunités de socialisation. Cela n'est pas nécessairement naturel pour eux, et faire ami-ami avec d'autres chiens peut être un processus d'apprentissage. Quelques conseils à ce sujet sont donnés au chapitre 7.

Un problème que de nombreux propriétaires de Staffie rencontrent à l'extérieur de la maison est que lorsqu'ils promènent leur chien dans des lieux publics, certaines personnes peuvent craindre la race en raison de sa réputation négative et de l'apparence robuste du chien. Cela rend d'autant plus essentielle une bonne éducation : le Staffordshire Bull Terrier doit montrer au monde à quel point cette race peut être bien élevée. Un dressage axé sur l'obéissance contribuera fortement à améliorer l'image de votre chien auprès du public. Quelques conseils à ce sujet sont proposés au chapitre 6. Cependant, les cours d'obéissance sont fortement recommandés, car ils combinent l'éducation avec l'opportunité de socialisation dans un environnement contrôlé.

Enfin, si vous vous retrouvez avec un chien qui a des problèmes d'agressivité soit avec des étrangers, soit avec d'autres chiens, c'est votre responsabilité légale de le museler lorsqu'il est en public.

Il est important de noter qu'en France, le Staffordshire Bull Terrier inscrit au LOF (Livre des Origines Français) n'est pas considéré comme un chien dangereux et ne fait partie ni de la catégorie 1 ni de la catégorie 2. Cependant, un Staffordshire Bull Terrier non inscrit au LOF pourrait être classé en catégorie 1 s'il présente des caractéristiques morphologiques assimilables aux chiens de type «pit-bull» (American Staffordshire Terrier sans pedigree). Dans ce cas, des obligations strictes s'appliquent : muselière et laisse obligatoires en permanence sur la voie publique et dans les parties communes d'immeubles, stérilisation obligatoire, permis de détention après formation du propriétaire, évaluation comportementale par un vétérinaire, assurance responsabilité civile spécifique, et interdiction d'accès aux transports en commun et lieux publics (sauf voie publique). Les sanctions

Crédit photo :
Helen Nolan

en cas de non-respect peuvent aller jusqu'à 15 000 € d'amende et 6 mois d'emprisonnement.

Besoins en exercice

« Votre Stafford adorera faire de l'exercice, donc développer une routine hebdomadaire cohérente est bon pour lui, ainsi que pour votre famille. N'oubliez pas que tous les Staffords peuvent être sensibles à la chaleur et au froid, alors assurez-vous qu'ils aient accès à beaucoup d'eau (PAS toute en une fois) pendant les mois chauds. »

Robert Randall
Élevage Guardstock de Staffordshire Bull Terriers

L'exubérance du Staffordshire Bull Terrier signifie qu'il a besoin de nombreuses occasions de dépenser son énergie sous forme de promenades et de jeux. Mais il est possible de trop promener un Staffie car, bien qu'il ait une grande endurance, il est sujet à la surchauffe. La Société Centrale Canine recommande une heure par jour pour un Staffie adulte. Un chiot ne devrait être promené que 15 à 30 minutes par jour pendant que ses os et articulations se développent. Cependant, comme le Staffordshire Bull Terrier n'est pas naturellement enclin à bien s'entendre avec les autres chiens, si vous souhaitez le promener dans un parc, il aura besoin d'une éducation à la socialisation. De nombreux propriétaires de Staffie trouvent les terrains canins sécurisés très bénéfiques pour cette race, car leurs chiens peuvent être sans laisse dans un environnement sûr. En outre, certains propriétaires de Staffie participent à des sports canins tels que l'obéissance et l'agility pour concentrer l'esprit de leur chien ainsi que pour le maintenir en forme. Le Staffordshire Bull Terrier est un chien intelligent, donc son cerveau a besoin d'exercice autant que son corps ; ensuite, il se blottira volontiers le soir contre vous et rêvera de sa journée !

Coûts d'entretien d'un Staffordshire Bull Terrier

Le Staffordshire Bull Terrier est un chien pure race, et si vous achetez un chiot auprès d'un éleveur enregistré, vous pouvez vous attendre à payer plus de 1 000 €. Cependant, le coût à vie d'un Staffie pure race peut être inférieur à celui d'un éleveur amateur, car il devrait avoir été élevé dans les règles pour être exempt de maladies génétiques et conforme au niveau sanitaire.

Si vous adoptez un Staffie dans un refuge, vous aurez toujours des frais d'adoption à payer, qui peuvent s'élever à plusieurs centaines d'euros, et qui couvrent une partie des coûts que votre chien aura généré, tels que le chenil, la stérilisation, le transport, les vaccinations, le puçage, le traitement antiparasitaire, la nourriture et tous les frais vétérinaires.

Au quotidien, les coûts de votre Staffie sont dans la moyenne. C'est une race de petite à moyenne taille avec un appétit modéré, et bien que la race puisse souffrir de problèmes de santé spécifiques, les Staffies sont généralement en bonne santé. L'assurance vétérinaire, cependant, est une précaution judicieuse qui vous aidera à budgétiser, afin que vous n'ayez jamais à faire face à d'énormes factures vétérinaires pour un accident ou une maladie grave. L'assurance responsabilité civile est également essentielle et est généralement incluse dans l'assurance pour animaux de compagnie.

Une partie de l'équipement dont vous aurez besoin pour votre Staffie est répertoriée au chapitre 3. Cependant, ce que vous choisissez de dépenser est largement une décision personnelle. Ceux qui ont un budget serré peuvent choisir d'acheter uniquement l'essentiel, dont beaucoup peuvent être trouvés d'occasion. D'autres propriétaires peuvent aimer gâter leur chien, car cela leur procure du plaisir.

Si vous prévoyez d'accueillir un Staffie dans votre vie, vous vous préparez à beaucoup de plaisir, une loyauté sans partage et une tonne d'affection inconditionnelle ! Mais il y aura des défis en cours de route. Avec un peu de planification, vous pouvez vous assurer que le voyage soit aussi fluide que possible et que votre Staffie grandisse pour montrer au monde qu'il est tout ce qu'un chien de famille devrait être !

CHAPITRE 2
Histoire de la race

Origine de la race

Le Staffordshire Bull Terrier que nous connaissons aujourd'hui comme un chien de famille loyal trouve ses origines dans un monde très différent et plus brutal. Remonter jusqu'à ses premiers ancêtres nous ramène dans l'Angleterre du XVIIIe siècle, à une époque où les combats d'animaux étaient une forme courante de divertissement.

Le Bull and Terrier

Le mot « Bull » dans le nom Staffordshire Bull Terrier fait référence à l'Old English Bulldog, qui fait partie de son patrimoine génétique. Les Bull-dogs étaient élevés pour combattre les taureaux. Ils étaient intrépides et affrontaient un taureau, officiellement pour attendrir la viande, mais en réalité, c'était le spectacle sanglant qui attirait les foules. Les combats contre les taureaux et les ours ont conduit à faire s'affronter des chiens dans des fosses, mais le divertissement que représente deux Bulldogs engagés dans un combat était limité, car le Bulldog était conçu simplement pour « attaquer bas, immobiliser et tenir », amenant à des scènes où deux chiens se tiennent mutuellement. Une nouvelle race de chien de combat a donc été développée, en croisant le Bulldog avec le tenace Terrier anglais pour obtenir un combat plus excitant, avec plus de rapidité et de variété dans les attaques. Il existait diverses formes de Terriers en Angleterre à cette époque, élevés pour chasser les nuisibles, et on avait déjà reconnu que l'introduction du sang de Bulldog rendait cette petite race de chasse plus résistante aux morsures qu'elle recevait dans son travail. En croisant le Bulldog et le Terrier pour les combats, une race intrépide et tenace a été développée, connue sous le nom de « Bull and Terrier ». Cette nouvelle race, qui n'appartenait plus à aucune des races fondatrices, a été élevée pour son « mordant », ce qui signifie qu'elle était fougueuse et prête à affronter n'importe quoi. Le Bull and Terrier deviendrait l'ancêtre fondateur de l'American Pit Bull Terrier, du Bull Terrier Miniature, du Bull Terrier anglais, de l'American Staffordshire Terrier et du Staffordshire Bull Terrier.

Crédit photo :
Courtney Ryder

Le Bull and Terrier était à l'origine connu sous différents noms, dont simplement Bull Terrier. Cependant, ce nom a été plus tard associé à une branche distincte de la race développée par James Hinks, que nous connaissons maintenant sous le nom de Bull Terrier anglais. Cette lignée était un croisement entre le Bull and Terrier et le Terrier blanc anglais, et était initialement élevée pour être de couleur blanc pur. Le Bull Terrier anglais moderne a une tête incurvée caractéristique et des yeux triangulaires. Le Staffordshire Bull Terrier, quant à lui, est resté fidèle au Bull and Terrier original, auquel il ressemble davantage que le Bull Terrier anglais de James Hinks. Cependant, plus récemment, du sang de Staffordshire Bull Terrier a été réintroduit dans le Bull Terrier anglais pour produire d'autres variantes de couleur moins sensibles aux problèmes génétiques d'une race de couleur blanc pur.

Le terme Bull and Terrier était assez large, avec des variations régionales selon le vivier local de chiens choisis pour le croisement. Le Staffordshire Bull Terrier que nous connaissons aujourd'hui est issu du type Cradley Heath qui avait plus de sang de Bulldog. En fait, une théorie moins répandue suggère que le Staffordshire Bull Terrier n'avait pas de sang de Terrier du tout, mais provenait de l'élevage sélectif du Bulldog anglais original. C'est peu probable, étant donné l'introduction réussie des qualités du Terrier dans la race Bull and Terrier et l'élevage non réglementé à l'époque, mais cela démontre comment la génétique du Bulldog est plus évidente dans le Staffordshire Bull Terrier.

En 1835, les combats contre les animaux ont été rendus illégaux au Royaume-Uni, tout comme les combats de chiens, mais étant plus faciles à dissimuler, ces derniers sont devenus le principal divertissement de ce type et étaient également populaires aux États-Unis avec l'introduction du Bull and Terrier. Outre les paris, ces combats servaient aussi à affiner la race, car les chiens se battaient jusqu'à la mort, de sorte que seuls les plus forts et les plus aptes survivaient. Mais parallèlement à l'agressivité souhaitée envers les autres chiens, le chien de combat devait être digne de confiance avec son maître et le juge. Ce trait de caractère a survécu à toutes les modifications de race qui constituent le Staffordshire Bull Terrier d'aujourd'hui, réputé pour la loyauté qu'il manifeste envers son propriétaire et sa qualité non agressive envers les humains, même s'il peut encore être réactif avec d'autres chiens.

Le Staffordshire Bull Terrier moderne

En 1911, la loi a été renforcée concernant les combats de chiens illégaux au Royaume-Uni. En France, ces pratiques sont également interdites depuis le XIXe siècle et sont aujourd'hui considérées comme des actes de cruauté animale particulièrement sévèrement punis. L'article 521-1 du Code pénal français sanctionne l'organisation de combats entre animaux par des peines pouvant aller jusqu'à 5 ans d'emprisonnement et 75 000 € d'amende, tandis que l'article R. 654-1 punit la simple participation ou l'assistance à de tels spectacles d'une amende de 1 500 €.

Quoi qu'il en soit, James Hinks avait développé sa lignée de Bull Terriers au milieu du XIXe siècle comme une race de gentleman, et l'association avec les combats de chiens commençait à diminuer. Ce n'est que dans les années 1930 que le Staffordshire Bull Terrier moderne a été développé dans le but d'obtenir la reconnaissance du Kennel Club britannique, l'équivalent de la Société Centrale Canine française, sous l'impulsion des éleveurs Joseph Dunn et Joe Mallen, qui ont fondé le Cradley Heath Club, un petit groupe d'ouvriers qui se réunissaient au Cross Guns dans les West Midlands en Angleterre, région connue sous le nom de Black Country. Dans cette communauté ouvrière, les combats de chiens étaient un mode de vie, et les chiens étaient élevés pour travailler dur et se battre dur, et comme symboles d'un

Crédit photo :
Helena Lehtis

certain statut social. Mais ces hommes prenaient au sérieux la qualité de leurs chiens et ont entrepris de les présenter à Crufts, la plus prestigieuse exposition canine britannique (comparable au salon de l'agriculture à Paris pour les chiens), remportant des prix, des certificats de challenge et, en 1935, la reconnaissance officielle par le Kennel Club, qui a approuvé le nom de Staffordshire Bull Terrier. En 1939, Gentleman Jim est devenu le tout premier Champion Suprême de Staffordshire Bull Terrier.

C'est autour de la Seconde Guerre mondiale que le Staffordshire Bull Terrier s'est véritablement imposé comme une race reconnue, et les lignées modernes de pure race peuvent remonter leur ascendance à plusieurs étalons fondateurs : Fearless Joe (lignée J), Game Lad (lignée L), Brindle Mick (lignée M), Rum Bottle (lignée B), Ribchester Bob (lignée R), et Cinderbank Beauty à travers Togo (lignée C ou parfois appelée lignée T).

Avec l'élévation de statut due à la reconnaissance par le Kennel Club, et grâce à l'émergence de la race comme chien de famille et compagnon loyal plutôt que comme chien de combat, le Staffordshire Bull Terrier a gagné en popularité au cours des dernières décennies. Non seulement le Staffie a un aspect brillant et magnifique, mais la race est pleine de personnalité et aime ses maîtres de manière inconditionnelle. La Société Centrale Canine française résume parfaitement la transformation du Staffie en déclarant : « Heureusement, un élevage de qualité a transformé cet ancien gladiateur en un compagnon doux et joueur avec une affinité particulière pour les enfants. » Cette popularité a cependant été à la fois positive et négative pour le Staffordshire Bull Terrier.

Législation spécifique à la race

En devenant l'une des races les plus populaires au Royaume-Uni, aux États-Unis et dans de nombreux autres pays, le Staffordshire Bull Terrier est devenu victime de sa propre popularité, souffrant d'une reproduction excessive et sans discernement. À cause notamment d'élevages non enregistrés à partir de lignées médiocres, de croisements avec des types Pit Bull, et d'une association négative avec une sous-culture antisociale. Par conséquent, la race est devenue sérieusement surreprésentée dans les refuges, avec pour résultat des chiens non désirés et non éduqués qui manifestent parfois des comportements négatifs. Selon Battersea Dogs and Cats Home, le plus grand refuge britannique, jusqu'à 80% des chiens pris en charge sont des Staffordshire Bull Terriers. La réputation de la race s'en est trouvée ternie.

Crédit photo :
Daniel Pickering
Photo by Diamond Dogs Fine Art Pet Photography

Pour cette raison, en 2018, l'organisation PETA a fait pression pour que le Staffordshire Bull Terrier soit ajouté à la liste des races interdites couvertes par la loi britannique de 1991 sur les chiens dangereux (Dangerous Dogs Act). Cette proposition a généré une pétition de soutien aux Staffies qui a recueilli plus de 160 000 signatures en trois semaines seulement. Après débat au Parlement, cette idée a été systématiquement rejetée. Le ministre George Eustice a déclaré : « Le gouvernement n'a absolument aucun projet d'ajouter les Staffordshire Bull Terriers, ou tout autre type de chien, à la liste des chiens interdits. » En fait, comme la Société Centrale Canine en France, le Kennel Club britannique recommande spécifiquement la race comme l'une des deux seules races (avec le Chesapeake Bay Retriever) adaptées à la présence d'enfants, soulignant dans son standard officiel « leur intelligence et leur affinité avec les enfants ».

En France, le Staffordshire Bull Terrier est une race reconnue et ne fait pas partie des chiens dits « dangereux » tant qu'il est inscrit au Livre des Origines Français (LOF). Les textes officiels précisent clairement que « les chiens de type Staffordshire Bull Terrier ne sont pas concernés par l'arrêté du 27 avril 1999 » relatif aux chiens dangereux. En revanche, un Staffie non LOF — c'est-à-dire sans pedigree officiel — peut être assimilé à un chien de type « pit-bull » (American Staffordshire Terrier sans pedigree), donc classé en catégorie 1, ce qui entraîne des restrictions strictes : interdiction de reproduction, de vente et d'importation, stérilisation obligatoire, muselière et laisse permanentes sur la voie publique, interdiction d'accès aux transports en commun et à la plupart des lieux publics, permis de détention obligatoire après formation du propriétaire.

Cette confusion est en partie due à sa ressemblance physique avec l'American Staffordshire Terrier, plus grand et plus massif, qui lui appartient à la catégorie 2 lorsqu'il est inscrit au LOF (sous conditions strictes). Ces deux races distinctes sont souvent confondues par le public et parfois par les autorités, ce qui contribue à la mauvaise compréhension du Staffie et le rend vulnérable aux interprétations légales erronées. D'ailleurs, des études scientifiques récentes ont montré qu'il n'y a pas de différence significative en termes d'agressivité entre les Staffordshire Bull Terriers et les autres races de chiens, contrairement aux idées reçues.

L'American Staffordshire Terrier

L'American Staffordshire Terrier, plus grand, n'est pas le même chien que le Staffordshire Bull Terrier anglais, bien que tous deux aient le même ancêtre britannique du XIXe siècle dans le Bull and Terrier. L'American Staffordshire Terrier a été élevé à partir de l'American Pit Bull Terrier, dont les ancêtres provenaient du type Walsall de Bull and Terriers anglais, amenés par des immigrants aux États-Unis au milieu du XIXe siècle. L'American Staffordshire Terrier est également connu sous le nom d'Amstaff, mais aussi parfois comme Staffie, ce qui entraîne une certaine confusion entre l'American et l'English Staffordshire Bull Terrier. Bien que l'Amstaff ne soit pas une race interdite en France ou au Royaume-Uni, il peut être soumis à évaluation dans le cadre de la lé-

Crédit photo :
Karen Kilpatrick

gislation spécifique aux races s'il est perçu comme ayant l'apparence d'un Pit Bull. Les chiens évalués comme Pit Bull peuvent être exemptés et rendus à leurs propriétaires sous certaines restrictions s'il peut être prouvé qu'ils ne sont pas agressifs.

Ce livre se concentre sur le Staffordshire Bull Terrier anglais ; cependant, une grande partie de son contenu s'appliquera également à son cousin américain.

Le standard du Staffordshire Bull Terrier selon la FCI/SCC

Aspect général : Le Staffordshire Bull Terrier est un chien à poil lisse, bien proportionné, d'une grande force pour sa taille. Musclé, actif et agile.

Taille et poids

Taille recherchée au garrot : 14 à 16 pouces (35,5 cm à 40,5 cm). La taille est en rapport avec le poids.

Poids : Mâles, de 28-38 livres anglaises (12,7-17 kg) ; femelles, de 24-34 livres anglaises (11-15,4 kg).

Tête

Région crânienne : Crâne haut de toute part et large. Muscles jugaux très prononcés, stop marqué.

Région faciale : Chanfrein court, truffe noire.

Yeux : Foncés de préférence, mais ils peuvent s'harmoniser dans une certaine mesure avec la couleur de la robe. Ronds, de dimensions moyennes et disposés de façon à regarder droit devant. Bord des paupières foncés.

Oreilles : En rose ou semi-dressées, ni grandes ni lourdes. Les oreilles complètement tombantes ou dressées sont à proscrire.

Mâchoires/dents : Mâchoires fortes. Dents bien développées, présentant un articulé en ciseaux parfait, régulier et complet, c'est-à-dire que les incisives supérieures recouvrent les inférieures dans un contact étroit et sont implantées bien d'équerre par rapport aux mâchoires. Lèvres serrées et nettes.

Corps

Cou : Musclé, plutôt court, pur dans ses lignes ; il s'élargit graduellement vers les épaules.

Corps : Ramassé, ligne du dessus horizontale. Le devant est large ; la poitrine est bien descendue dans la région sternale ; les côtes sont bien cintrées.

Queue : De longueur moyenne, attachée bas. Elle va en s'amenuisant vers l'extrémité et elle est portée assez bas. Elle ne doit pas trop s'enrouler et on peut la comparer à un manche de pompe du temps jadis.

Membres

Membres antérieurs : Droits avec une bonne ossature ; ils sont assez écartés ; ils n'accusent aucune faiblesse au niveau des métacarpes à partir desquels les pieds tournent légèrement en dehors. Épaules bien obliques, aucune laxité au niveau des coudes.

Membres postérieurs : Parallèles lorsqu'ils sont vus de derrière. Bien musclés, jarrets bien descendus, grassets (genoux) bien angulés.

Pieds : Pourvus de bons coussinets ; ils sont forts et de dimensions moyennes. Ongles noirs chez les sujets unicolores.

Robe

Qualité du poil : Poil lisse, court et serré.

Couleur du poil : Rouge, fauve, blanc, noir ou bleu ou l'une quelconque de ces robes panachées de blanc. N'importe quel ton de bringé, avec ou sans blanc. **Le noir et feu ou le marron (foie) sont à proscrire.**

Allures - Mouvement

Mouvement dégagé, puissant, souple et facile. Les membres se déplacent dans les plans parallèles, qu'ils soient vus de face ou de derrière.

Comportement/Caractère

Traditionnellement d'un courage et d'une ténacité indomptables. Extrêmement intelligent et affectueux, en particulier avec les enfants. Hardi, intrépide et parfaitement digne de confiance.

Défauts

Tout écart par rapport à ce qui précède doit être considéré comme un défaut qui sera pénalisé en fonction de sa gravité et de ses conséquences sur la santé et le bien-être du chien.

Défauts entraînant l'exclusion

- Chien agressif ou peureux
- Tout chien présentant de façon évidente des anomalies d'ordre physique ou comportemental
- Couleurs noir et feu ou marron (foie)

CHAPITRE 3
Préparatifs pour un nouveau chien

Si vous avez déjà possédé des chiens, quelle que soit leur race, vous savez déjà ce dont vous aurez besoin pour votre nouveau compagnon et comment adapter votre maison pour son arrivée. Mais s'il s'agit de votre premier chien, vous êtes peut-être soucieux de vous assurer que vous avez pensé à tout avant son arrivée, afin qu'il se sente bienvenu et s'intègre immédiatement à la famille. Ce chapitre vous aidera à préparer votre domicile, avec une attention particulière portée à la taille et au tempérament d'un Staffordshire Bull Terrier.

Crédit photo :
Amber Moore

Crédit photo :
Helena Lehtis

Préparer votre maison pour un animal de compagnie

Beaucoup de personnes pensent, à juste titre, qu'une maison n'est pas un vraiment un foyer sans un chien. Votre Staffordshire Bull Terrier apportera certainement beaucoup d'amour et de joie dans votre foyer. Il est également certain qu'il occupera un espace disproportionné par rapport à sa taille modeste ! L'autre point à prendre en compte, comme pour tout chien, est qu'il passera une certaine partie de la journée à l'extérieur, pour faire de l'exercice et ses besoins. Il ramènera donc un peu de l'extérieur dans votre maison, tout en perdant ses poils. Heureusement, le Staffie ne perd pas abondamment ses poils et n'a pas un pelage long qui attire la saleté. Cependant, si vous êtes habitué à avoir une maison impeccable, vous devrez accepter que cela demandera beaucoup plus de travail d'entretien, ou d'adopter un standard légèrement plus souple lorsque votre chien fera son entrée. Des attentes réalistes sont nécessaires et justes pour votre chien.

Il est tout à fait acceptable d'interdire certaines pièces à votre nouveau chien. De nombreux propriétaires optent pour cette option, surtout s'ils ont de jeunes enfants et souhaitent conserver un espace de jeu détendu, sûr et sans chien. Que votre nouveau chien soit autorisé ou non dans les chambres ou à l'étage est une question de préférence. Cependant, si vous avez des enfants, il peut être conseillé dès le départ de rendre les chambres inaccessibles au chien, afin qu'il ne se considère pas comme supérieur aux enfants dans la hiérarchie familiale. Vous trouverez plus d'informations à ce sujet au chapitre 7. Établir les règles de base dès le début envoie un message clair à votre chien qu'il acceptera naturellement, plutôt que de lui imposer de nouvelles restrictions plus tard. Ainsi, en gardant cela à l'esprit, vous pourriez avoir besoin d'investir dans des barrières d'escalier pour délimiter les parties de votre maison auxquelles vous ne souhaitez pas que votre chien ait accès.

Une fois que vous avez décidé dans quelles pièces votre chien sera autorisé, vous devez rechercher les dangers potentiels pour un nouveau chien, surtout si vous accueillez un chiot qui mâchouillera tout. Et si vous avez des objets précieux, ceux-ci doivent être mis hors de portée du chien. Cela peut inclure la télécommande de la télévision, ou tout objet contenant des piles qui pourraient être ingérées, des plantes d'intérieur toxiques, des meubles rembourrés dont le rembourrage pourrait facilement être avalé, des objets fragiles, et même des choses comme du chocolat, des médicaments ou des chewing-gums contenant du xylitol qui pourraient traîner, car ils sont toxiques pour votre chien.

Vous devrez décider si votre chien sera autorisé à monter, ou non, sur le canapé. De nombreux propriétaires adorent se blottir avec leur chien sur le canapé, tandis que d'autres préféreraient que leur sofa reste propre. C'est une question de choix personnel et il n'y a pas de bonne ou mauvaise option, mais vous devez être cohérent dès le départ. Si votre chien a accès à votre canapé lorsque vous êtes absent, vous ne pouvez pas vous attendre à ce qu'il résiste à la tentation en votre absence, donc la lutte sera constamment compromise. Par conséquent, si vous souhaitez apprendre à votre chien à rester hors du canapé, vous devrez l'enfermer dans une pièce comme la cuisine, dans un jardin sûr et sécurisé, ou dans sa cage lorsque vous le laissez seul, au moins jusqu'à ce qu'il connaisse et respecte les règles.

Si vous êtes heureux de partager votre canapé avec votre chien, il est logique que ce soit un canapé plus ancien qui ne craint rien, et bien conçu pour résister aux mâchouillements. Les vieux canapés en cuir peuvent être plus faciles à nettoyer que les textiles, bien que les housses amovibles soient une bonne idée car elles peuvent être lavées. Certaines personnes aiment utiliser des plaids pour protéger leurs meubles.

De même, les sols durs dans les pièces auxquelles votre chien a accès faciliteront grandement le nettoyage, surtout pendant la phase d'apprentissage de la propreté. Cependant, si vous avez déjà de la moquette, il vaut la peine d'investir dans une machine à shampouiner les tapis dès le départ. Ainsi, lorsque votre chien aura des inévitables petits accidents, ils pourront être rapidement nettoyés et désinfectés sans problème.

C'est une excellente idée d'avoir une cage pour votre chien, à l'intérieur de la maison et dans un véhicule, ce dont nous parlerons davantage au chapitre 8. Contrairement à l'opinion de certaines personnes, une cage n'est pas une prison, mais un sanctuaire pour un chien. Cela peut être très réconfortant pour un chien d'avoir son propre espace sécurisé. Vous pouvez transformer la cage de votre chien en un repaire douillet en y mettant un lit ou des serviettes propres, ainsi que des jouets ou des objets à mâcher sans danger. Si vous vous préparez à accueillir un chiot, il peut être très utile d'habituer votre chien à la cage dès le début, car être capable de fermer la porte de la cage sans perturber votre chien signifie que vous pouvez l'y laisser heureux pendant que vous êtes absent, et il sera en sécurité et ne détruira pas la maison. De plus, si vous avez des invités qui n'aiment pas les chiens, vous pouvez contenir votre compagnon à quatre pattes pendant un moment. En outre, si vous devez un jour confier votre chien à un ami ou à un gardien, il aura son propre espace spécial où il s'installera pour la nuit, sans déranger !

L'apprentissage de la cage au stade du chiot facilite également l'apprentissage de la propreté, car les chiens sont naturellement disposés à rester propres dans leur lit. Votre chien retiendra donc sa vessie et ses intestins dans sa cage et se soulagera rapidement une fois dehors. Vous trouverez plus d'informations sur l'apprentissage de la propreté au chapitre 5.

Si vous adoptez un chien de refuge, possiblement avec des cicatrices émotionnelles, il pourrait ou non s'adapter à la cage dans les premiers temps. S'il montre de l'anxiété, il ne devrait jamais y être enfermé, mais devrait simplement avoir accès à la cage comme un espace sûr et douillet où il a un lit, des jouets et des objets à mâcher, voire une friandise occasionnelle, et peut entrer et sortir comme bon lui semble.

Les cages métalliques sont le meilleur choix pour les Staffordshire Bull Terriers, car qu'il s'agisse d'acheter un chiot ou d'adopter un chien de refuge, ils peuvent mâcher et être destructeurs. Vous pouvez couvrir une cage métallique avec une serviette ou une couverture pour la rendre douillette et éviter les courants d'air. Si vous adoptez un Staffie adulte que vous savez non destructeur, alors une cage textile est une autre option.

Si vous ne souhaitez pas utiliser de cage, ou si vous souhaitez que votre chien dorme dans un lit placé ailleurs la nuit, c'est le moment de réfléchir à l'endroit où vous pourriez le mettre. Quelques options pourraient être dans

Crédit photo :
Holly Arrow

le salon, dans la cuisine, dans le couloir, sur le palier de l'étage, ou dans la chambre à coucher. C'est une question de choix personnel. Cela peut faciliter la vie future si votre chien ne dort pas dans la chambre ; par exemple, si vous partez et devez employer des gardiens d'animaux (Petsitters) ou héberger votre chien chez quelqu'un d'autre. De plus, cela décourage votre chien de défier la hiérarchie familiale s'il dort en bas, et cela garde votre propre environnement de sommeil plus propre. À court terme, cependant, vous pourriez rencontrer quelques gémissements ou aboiements de protestation face à votre choix jusqu'à ce que votre chien s'installe dans une routine.

Si vous désirez la compagnie d'un chien blotti sur votre propre lit la nuit, que votre situation personnelle et familiale est peu susceptible de changer, et que vous avez un gardien d'animaux tolérant lorsque vous partez, alors c'est un choix que certains propriétaires de chiens font. Cependant, il n'est pas si facile de revenir sur ce choix plus tard.

La prochaine chose à considérer lors de la préparation de votre maison pour un nouveau chien est la sécurité de votre jardin. Même si vous avez déjà un chien, votre nouveau Staffie pourrait trouver des moyens d'évasion qui ne sont pas sur le radar de votre chien existant. Par exemple, votre Staffie deviendra un chien athlétique de taille moyenne, capable de sauter. Ainsi, des clôtures de 90 cm qui contiennent un petit chien ne seront pas un défi pour votre Staffie, et une clôture de 180 cm est recommandée. De plus, votre Staffie pourrait creuser, donc la clôture devrait aller jusqu'au sol. Si vous achetez un chiot, il pourra également se faufiler à travers de petits espaces ou sous les portails, donc ceux-ci devraient être bloqués, et si vous avez une clôture à palissade ou à piquets, les espaces devraient être comblés avec du grillage métallique.

Préparer votre maison pour un chien de garde

La plupart des gens choisissent un Staffordshire Bull Terrier comme chien de compagnie et de famille. Le Staffie n'est pas naturellement agressif, mais il peut paraître intimidant et bien sûr, la race a toujours une réputation de combattant, même si elle ne le mérite pas. Pour ces raisons, certains propriétaires choisiront un Staffie pour la protection et le gardiennage.

L'objectif de ce livre n'est pas de discuter de l'utilisation du Staffordshire Bull Terrier comme chien d'attaque, ce qui est un domaine spécialisé qui ne devrait jamais être abordé par un propriétaire inexpérimenté. Si votre situation nécessite un tel chien, vous devriez consulter un professionnel.

Crédit photo :
Ashley Heron

D'autre part, le Staffie peut être dressé pour garder une propriété simplement en aboyant en présence d'un intrus. Les Staffies sont adaptés à ce travail car ils sont très protecteurs envers leurs maîtres, loyaux, confiants et faciles à dresser. Ils ne sont pas non plus agressifs envers les humains, ce qui est un atout, car lorsqu'un chien attaque et cause des dommages à une autre personne, même un intrus, cela peut entraîner des poursuites pénales et la possible euthanasie du chien.

Le simple fait que vous possédiez un Staffie, race dans la zone grise de la législation spécifique aux races, signifie que vous devriez mettre un panneau « Attention au chien » sur votre portail, même si votre chien est doux comme un agneau. Le panneau et l'apparence musclée de votre chien peuvent dissuader les intrus. Même si cela semble mesquin, si un intrus recevait une morsure, vous seriez moins susceptible de poursuites si vous avez installé un panneau.

Lorsque votre chien rentrera à la maison, dans le cadre de son dressage, vous lui apprendrez son territoire et des techniques défensives telles que l'aboiement d'alerte et la garde. Mais il est important qu'il soit bien socialisé et qu'il ait beaucoup d'exposition à des environnements, notamment en dehors des limites de son territoire.

Liste d'achats

Pour de nombreux nouveaux propriétaires, une visite à l'animalerie pour acheter tout ce dont leur nouveau chien a besoin fait partie de l'excitation préalable à l'accueil de leur nouveau compagnon. D'autres propriétaires, cependant, peuvent avoir un budget limité et veiller à n'acheter que l'essentiel. Si vous ramenez un chiot à la maison, évidemment votre chien va grandir, et certaines des choses que vous achèterez pour lui à ce stade pourraient ne plus convenir plus tard.

Lorsque vous irez chercher votre chien, vous devrez emporter avec vous un collier et une laisse. Alternativement, vous pouvez prendre une laisse-lasso en corde, que vous glissez sur la tête de votre chien. C'est un choix populaire pour un Staffordshire Bull Terrier car elle reste bien ajustée au cou et le chien est moins susceptible de s'en échapper comme d'un collier s'il est trop lâche. Cependant, un collier est également important, car vous pouvez y attacher une médaille d'identité qui vous aidera à retrouver votre chien s'il devait s'échapper ou s'égarer. Il est utile de préparer une médaille d'identité avec vos coordonnées avant d'aller chercher votre chien, car il est plus vulnérable aux fugues durant les premières semaines, le temps

Crédit photo :
Lauren Vitalo

qu'il apprenne à vous connaître. Assurez-vous que le collier offre une large gamme d'ajustement si vous prenez un chiot, car il grandira rapidement.

Un harnais est également un bon achat, car à condition qu'il soit bien ajusté, votre chien ne pourra pas s'en échapper lorsqu'il est en laisse. Un harnais est également plus doux pour le chien que de le mener par un collier, car s'il tire, la tension est répartie sur la poitrine plutôt que de solliciter les os délicats du cou. En fin de compte, votre Staffie sera dressé pour marcher correctement en laisse détendue et pour avoir un excellent rappel afin de profiter de promenades sans laisse. Comme accessoire de mode, le Staffordshire Bull Terrier est traditionnellement vu avec un harnais en cuir, et souvent un collier en cuir clouté. Mais ce n'est qu'une question de goût, et tant qu'il est chiot, des produits textiles plus doux avec beaucoup d'ajustabilité sont plus appropriés.

Les colliers étrangleurs ne sont pas recommandés, même si les modèles complets ou semi-étrangleurs ont longtemps été associés à la race. Ces outils sont considérés comme trop coercitifs, et de nos jours, l'éducation basée sur le renforcement positif est largement reconnue comme la méthode la plus efficace et respectueuse pour un chien de compagnie. Il y a plus d'informations à ce sujet aux chapitres 5 et 6.

Il a déjà été mentionné qu'une cage est un bon achat, et une cage métallique résistera à tout mâchonnement ou griffure sur les côtés. Vous pourriez souhaiter acheter deux cages si vous allez également utiliser cette méthode pour transporter votre chien en voiture. Votre Staffie n'aura probablement pas besoin d'une cage plus grande que la taille moyenne. Les chiens préfèrent la sensation de sécurité d'une cage qui n'est pas trop grande par rapport à leur taille. De plus, si vous utilisez une cage pour l'apprentissage de la propreté, il est important qu'elle ne soit pas trop spacieuse : le chien ne doit pas pouvoir faire ses besoins à l'autre extrémité, loin de son couchage, car cela irait à l'encontre du but recherché. Cela dit, gardez à l'esprit que votre chiot grandira vite. Une cage trop petite risque donc de devenir inutilisable en peu de temps.

Votre chien aura besoin d'un lit, à moins que vous n'ayez l'intention d'utiliser des serviettes ou des couvertures dans sa cage. Lors de l'achat d'un lit pour un chiot, il est bon de garder à l'esprit qu'il mâchouillera pendant la première année de sa vie, alors qu'il explore son nouveau monde et que ses dents de lait cèdent la place à ses dents d'adulte. Ainsi, un lit en plastique est votre meilleur choix, et vous pouvez le garnir de vieilles serviettes pour son confort, qui peuvent être lavées régulièrement. Comme pour la cage, ne choisissez rien de trop grand, car votre chiot aimera se sentir en sécurité. De toute façon, lorsqu'il atteindra sa taille adulte et aura dépassé le stade destructeur, vous pourriez souhaiter choisir un lit plus doux et plus luxueux pour lui.

Votre nouveau chien aura besoin d'une gamelle pour sa nourriture et d'une autre pour son eau. Les gamelles lourdes en grès sont un bon choix, car elles ne peuvent pas être renversées ou poussées sur le sol. Une gamelle en plastique pour le voyage est également utile.

Avant de faire le plein de nourriture pour votre chien, vérifiez auprès de l'éleveur ou du refuge ce que votre chien mange déjà. Les premières semaines avec vous représentent un grand changement dans sa vie, et il est recommandé de maintenir son régime alimentaire cohérent à ce stade pour éviter tout problème digestif. Si vous décidez de le changer pour une autre nourriture à un stade ultérieur, assurez-vous de l'introduire lentement en la combinant progressivement avec sa nourriture existante.

Si vous êtes arrivé à la caisse de l'animalerie avec uniquement les articles essentiels de cette liste : bravo ! Il existe une telle gamme de produits parmi lesquels choisir, et de nombreux propriétaires aiment gâter leurs chiens. Il n'y a certainement rien de mal à cela. Mais votre chien ne se soucie pas si ses affaires portent une marque prestigieuse, tant qu'elles sont sûres et propres, qu'elles lui vont bien et qu'elles sont adaptées à son âge.

Maintenant que votre maison est prête pour accueillir votre chien, vous pouvez attendre avec impatience le jour où vous le ramènerez chez vous !

CHAPITRE 4

Comment choisir un Staffordshire Bull Terrier

Une fois que vous avez décidé que le Staffordshire Bull Terrier est la race qu'il vous faut, vous devrez déterminer où trouver votre nouveau meilleur ami. De manière générale, il existe deux approches distinctes, et votre choix dépendra en grande partie de votre préférence pour un chiot ou pour l'adoption d'un chien adulte.

Acheter ou adopter ?

En général, si vous souhaitez accueillir un chiot dans votre famille, vous vous orienterez vers l'achat auprès d'un éleveur. Il peut y avoir une exception à cette règle, étant donné que les Staffordshire Bull Terriers sont largement surreprésentés dans les refuges. Cela peut se produire lorsqu'une femelle gestante est amenée dans un centre de secours, ou lorsqu'une portée de chiots abandonnés est découverte. Donc, si vous êtes vraiment attiré par l'idée d'adopter un chien en situation désespérée, mais que vous voulez absolument un chiot, il vaut la peine de contacter les refuges de votre région, car ils peuvent avoir des chiots Staffie disponibles. Gardez toutefois à l'esprit qu'un chiot de refuge n'aura presque jamais d'historique connu, et que la santé et le tempérament des parents seront inconnus. De plus, votre chiot ne vous coûtera pas forcément moins cher que l'achat auprès d'un éleveur enregistré, car tous les refuges facturent des frais d'adoption. Et à long terme, les problèmes résultant d'un élevage médiocre pourraient vous coûter davantage.

Beaucoup de personnes acceptent volontiers le risque d'adopter un chiot de refuge en raison de la satisfaction de lui offrir un avenir meilleur, et la perspective de coûts futurs incertains ne pose pas de problème. D'autre part, si vous préférez vous engager avec un animal dont vous connaissez les antécédents, ou si vous souhaitez exposer votre chien ou l'utiliser pour la reproduction, l'achat d'un Staffordshire Bull Terrier auprès d'un éleveur inscrit au LOF est un choix judicieux.

Certaines personnes préfèrent adopter un chien plus âgé, notamment parce qu'il y a tant de Staffies dans les refuges. Cette démarche peut être

Crédit photo :
Zoe Butler

très gratifiante, car pour beaucoup de ces chiens qui ont été rejetés, il suffit d'un peu d'amour et d'un environnement familial stable pour transformer leur vie. Pour d'autres chiens, la tâche peut s'avérer plus difficile. Les Staffies ne sont pas agressifs ou désobéissants par nature, mais s'ils ont subi de la cruauté ou de la négligence, il faudra peut-être plus de temps pour restaurer leur confiance. Dans les cas graves, les problèmes comportementaux peuvent être si profondément ancrés qu'ils ne peuvent être améliorés que jusqu'à un certain point, au-delà duquel ils doivent être gérés. Cela peut avoir un impact considérable sur la vie du propriétaire, donc l'adoption d'un chien de refuge ne doit pas être prise à la légère. Cependant, dans la plupart des cas, un Staffie sauvé récompensera son adoptant par une vie entière de gratitude pour lui avoir donné une seconde chance, car les Staffies savent vraiment comment créer un lien, plus que la plupart des autres races de chiens.

Se renseigner sur l'établissement

Crédit photo :
Shannon Freeman

Le Staffordshire Bull Terrier est une race qui a souffert d'une reproduction excessive, et beaucoup d'élevages sont occasionnels, accidentels et non enregistrés. Par conséquent, vous pourriez trouver des chiots à vendre sur internet ou dans les petites annonces. Dans certains cas, vous pourriez même voir les parents. Cependant, vous devriez être très vigilant concernant les éleveurs clandestins ou les usines à chiots qui se font passer pour des propriétaires respectables dont la chienne de la famille aurait eu une portée. On pourrait vous montrer les chiots dans un salon propre d'une maison familiale, sans que vous soyez conscient des conditions sordides dans lesquelles leurs chiens surexploités sont gardés ailleurs. On pourrait vous donner de fausses informations sur les parents, et tous les documents pourraient ne pas être valides. Les chiens ne seront pas inscrits au LOF si les parents ne le sont pas, et vous ne pourrez donc pas exposer votre chien ou produire une portée enregistrée à partir de ce dernier. Plus important encore, votre chien pourrait être porteur ou développer un certain nombre de conditions génétiques qui touchent le Staffordshire Bull Terrier. Certaines d'entre elles sont décrites dans le chapitre 13.

Pour éviter de vous retrouver dans cette situation, vous devriez chercher un éleveur inscrit auprès de la Société Centrale Canine (SCC). Leur site web est un bon point de départ. Par ailleurs, la plupart des éleveurs enregistrés font de la publicité en ligne, ce qui vous donne l'occasion de vous renseigner sur les chiens de cet éleveur et de vérifier qu'ils possèdent les lignées, l'apparence, le tempérament et les qualités que vous recherchez.

Acheter un Staffie chiot signifie que vous contrôlez pleinement son éducation dès sa socialisation précoce, en passant par l'apprentissage de l'obéissance et toutes les autres activités que vous pourriez envisager pour votre chien. Votre chien n'aura connu que la gentillesse et formera un lien précoce avec vous en tant que son maître. Par conséquent, il sera un chien équilibré et susceptible de devenir un Staffordshire Bull Terrier typique, heureux, loyal et au tempérament doux.

Se renseigner sur les parents

Si vous avez identifié un éleveur inscrit ou plusieurs éleveurs sur le site de la Société Centrale Canine, ou ailleurs en ligne, qui ont des portées disponibles ou attendues, vous êtes alors en bonne position pour vous renseigner sur les parents avant même de visiter l'éleveur pour la première fois. En effet, les parents avec des lignées enregistrées se sont probablement distingués dans des expositions, ou leur lignée possède certaines caractéristiques distinctives, et ces informations peuvent être recherchées sur internet.

L'élevage selon les normes approuvées par la SCC exige certains protocoles pour garantir la santé des chiots, ce qui implique de tester les parents pour certaines conditions héréditaires. Seuls les parents qui ne sont pas porteurs de ces conditions peuvent être utilisés pour la reproduction. De cette façon, en achetant auprès d'un éleveur inscrit, vous pouvez avoir un bon degré de confiance que votre chien restera en bonne santé tout au long de sa longue vie. Par conséquent, même si votre coût d'achat est initialement plus élevé, un chien issu d'un élevage enregistré vous coûtera généralement moins cher à long terme, car il n'aura pas besoin d'aller fréquemment chez le vétérinaire.

En commençant par la mère des chiots, vous devriez vérifier qu'elle n'a pas été mise à la reproduction avant sa troisième chaleur, et qu'elle n'a pas plus de sept ans. Elle ne devrait pas non plus avoir eu plus de trois portées. Vous devriez pouvoir voir la mère, car elle peut être avec les chiots, ou au moins sur les mêmes lieux, selon l'étape du processus de sevrage des chiots. Cependant, le père est souvent un chien reproducteur qui vit chez un autre propriétaire, donc à moins que vous ne preniez rendez-vous pour le visiter, vous devrez peut-être vous contenter de photographies et de copies de ses documents.

Vous devriez demander à l'éleveur de vous montrer les certificats des tests de santé et de dépistage qui ont été effectués pour les deux parents. Ces tests sont facultatifs, et l'éleveur devrait être en mesure d'expliquer pourquoi il n'a peut-être pas testé toutes les conditions.

Crédit photo :
Shanae Rumbel

Au minimum, les parents devraient avoir été évalués pour la dysplasie de la hanche et du coude, et avoir été dépistés pour la cataracte héréditaire (HC). Pour un Staffordshire Bull Terrier, le score de la hanche devrait être inférieur au score moyen de la race de 12,9, et le score du coude devrait être aussi bas que possible, idéalement 0:0.

Vous devriez également interroger l'éleveur sur l'historique médical des parents, grands-parents et arrière-grands-parents des chiots, au cas où il y aurait d'autres maladies dans la lignée familiale pour lesquelles il n'existe actuellement aucun test génétique ou de dépistage disponible. Vous devriez demander à l'éleveur quelle est sa politique en cas de maladie génétique survenant chez votre chien plus tard dans sa vie. Certains éleveurs peuvent accepter de contribuer aux frais médicaux ou de rembourser le prix d'achat. Au minimum, un bon éleveur voudra être informé si une condition génétique devait survenir, afin d'améliorer ses décisions d'élevage.

Enfin, vous devriez examiner le certificat de pedigree sur cinq générations du chiot, pour repérer les cas où le même nom apparaît plus d'une fois. Lorsque cela se produit, c'est un signe de consanguinité, et toute faiblesse génétique peut être amplifiée. Il n'est pas rare que les chiens de race aient certains noms qui apparaissent plus d'une fois ; cependant, la SCC considère comme une pratique responsable que la consanguinité soit limitée.

Observer le chiot

Les éleveurs reçoivent généralement les acheteurs potentiels après que les chiots ont atteint l'âge de quatre semaines, en vue de les céder vers dix semaines lorsqu'ils sont complètement sevrés. Au début, le caractère des chiots peut ne pas être évident, donc la première visite n'est peut-être pas le moment de faire votre sélection, mais à 6-8 semaines, vous pourrez voir leurs différentes personnalités. L'éleveur peut souhaiter faire sa propre première sélection personnelle à ce stade pour continuer la lignée d'élevage. D'autres peuvent également avoir réservé des chiots avant vous, alors vérifiez pour éviter toute déception.

Parfois, l'éleveur choisira lui-même quel propriétaire sur la liste d'attente associé avec quel chiot, en fonction de son évaluation du caractère des deux parties. Il y a beaucoup d'avantages à ce genre de « mariage arrangé » ; cependant, pour la plupart des gens, choisir leur chiot est une expérience qu'ils attendent avec impatience.

Lorsque vous visitez une portée, vous pouvez vous attendre à ce que votre chiot vous choisisse, mais il est important de ne pas laisser votre cœur

Crédit photo :
Holly Arrow

gouverner entièrement votre tête. N'oubliez pas que le chiot le plus affirmé qui vient directement vers vous pour attirer l'attention peut s'avérer difficile à gérer et pas aussi facile à éduquer qu'un chiot plus poli. D'autre part, être attiré par sympathie vers celui qui est calme et qui ne veut pas s'engager avec vous pourrait être une erreur, surtout si vous avez des enfants, car ce chiot pourrait s'avérer timide et moins amical.

En règle générale, opter pour un juste milieu est le choix le plus sûr, mais quel que soit le chiot qui attire votre attention, il y a un certain nombre de vérifications à effectuer.

Votre chiot doit être confiant et amical, heureux d'être manipulé et curieux de votre présence. Il doit être observé en train de jouer joyeusement dans un environnement propre avec ses frères et sœurs. Prenez le temps de vous familiariser avec la portée sans vous sentir pressé pendant que vous apprenez à connaître leurs personnalités, puis demandez à l'éleveur si vous pouvez prendre dans vos bras ceux que vous avez repéré et recherchez les éléments suivants.

Le chiot doit être propre et sec, ne sentant rien d'autre que le chiot ! Son arrière-train doit être propre sans écoulement, et ses oreilles et son nez doivent également être propres, sans croûtes ni odeur. Sa peau doit être propre, sans pellicules ni plaies. Ses yeux doivent être clairs et brillants, sans écoulement ni inflammation. Jetez un coup d'œil à son ventre pour vérifier qu'il n'y a pas de hernies, et s'il s'agit d'un mâle, vérifiez la présence de deux testicules descendus, bien qu'à ce stade, les deux peuvent ne pas être encore descendus, donc c'est juste quelque chose à vérifier à nouveau avant de ramener votre chiot à la maison si c'est un mâle.

Lorsque vous pensez avoir fait votre choix, passez un peu de temps avec votre chiot loin du groupe pour tester votre connexion émotionnelle avec le petit personnage qui va passer le reste de sa vie avec vous.

Si votre chiot a des marques distinctives, l'éleveur n'aura peut-être aucun mal à le reconnaître pour vous le réserver, mais si les chiots sont tous d'une couleur unie similaire, l'éleveur pourra mettre un collier coloré à votre chiot jusqu'au jour où il sera prêt à être récupéré.

N'oubliez pas que vous n'êtes pas obligé de choisir un chiot simplement parce que vous êtes allé voir une portée, et si vous avez des doutes sur l'éleveur, les parents ou les chiots eux-mêmes, vous devriez partir et trouver une autre portée. Il est d'une importance capitale que vous vous sentiez enthousiaste à propos l'arrivée de votre nouveau chien, car il y aura des changements et des sacrifices pour l'accueillir dans votre foyer, et l'objectif est que votre chien enrichisse votre vie tout comme vous complétez la sienne.

Adopter un chien de refuge : ce qu'il faut savoir

Comme dit précédemment, les Staffordshire Bull Terriers sont la race la plus surreprésentée dans les refuges pour chiens, et si vous êtes attiré par l'adoption, vous n'aurez jamais de mal à trouver un Staffie ayant besoin d'un bon foyer.

Pour la plupart de ces chiens, ils ont été abandonnés sans que ce soit de leur faute. Les Staffies sont surreproduites, très souvent de manière indiscriminée, et parfois à partir de parents au tempérament médiocre ou ayant des problèmes de santé. C'est également une race très énergique, surtout quand ils sont jeunes, et leur nature exubérante peut s'avérer trop difficile pour certains propriétaires. Malheureusement, ils sont aussi souvent pris en charge par des personnes qui manquent d'engagement pour les éduquer. C'est vraiment dommage car le Staffie est un chien intelligent et éducable, mais comme n'importe quel chien, si la fenêtre d'éducation et de socialisation des premiers mois est manquée, il développera des comportements antisociaux, et la cohabitation avec une famille humaine peut devenir plus difficile.

Dans certains cas, un Staffie en refuge ne peut être réhabilité avec succès que par un éducateur professionnel ou un propriétaire expérimenté dans la race. Pour cette raison, lorsque vous choisissez un Staffie dans un

Crédit photo : Charlene Plevyak

refuge, vous devriez vous laisser guider par le refuge ou l'association, car ils connaissent le tempérament du chien. De plus, la plupart des chiens pris en charge dans un refuge seront testés avec des enfants, des chats et d'autres animaux domestiques, et certains seront placés en famille d'accueil avant l'adoption définitive pour une évaluation plus complète. Toute association de placement sérieuse s'engagera à faire correspondre un chien dont elle a la charge avec le propriétaire potentiel et le foyer proposé. Une correspondance réussie est importante car lorsque les choses ne fonctionnent pas, ce chien a été déçu une fois de plus, a subi un nouveau coup à sa confiance et a été retardé dans sa réhabilitation. De plus, chaque organisation devrait offrir un suivi d'adoption, ce qui signifie que le chien doit toujours être retourné au refuge si le placement ne fonctionne pas à n'importe quel stade. Le chien ne peut jamais être replacé de manière indépendante par l'adoptant.

Une fois que vous avez fait une demande d'adoption d'un chien auprès d'un refuge, votre domicile sera généralement vérifié par un représentant de l'organisation, quel que soit votre niveau d'expérience. Il s'agit de s'assurer que vous vivez bien là où vous le dites, et si vous louez votre propriété, que vous êtes autorisé à avoir un chien. Il s'agit également de vérifier votre situation familiale, pour s'assurer que tout le monde est engagé et comprend les implications de l'adoption d'un chien, et pour vérifier que votre maison est sécurisée et adaptée à un Staffordshire Bull Terrier. Ce n'est pas un examen, et toute lacune comme un trou dans la clôture ne vous fera pas échouer ; vous devrez simplement remédier à tout ce que le contrôleur remarque avant de pouvoir récupérer le chien.

L'adoption d'un chien n'est pas gratuite. Le refuge engage des dépenses considérables pour chaque chien qu'il prend en charge, donc les frais d'adoption, qui peuvent s'élever à plusieurs centaines d'euros, contribuent à ces dépenses et à des choses comme la stérilisation, les vaccinations, le traitement antiparasitaire, le puçage et tous les soins médicaux. Les frais d'adoption garantissent également que les chiens ne sont pas considérés comme une marchandise gratuite, à récupérer à des fins douteuses comme les combats de chiens illégaux. C'est un risque très réel pour les Staffordshire Bull Terriers, car ils sont généralement non agressifs, et sont donc couramment utilisés comme chiens d'appât. Ceux qui survivent à cette épreuve sont souvent amenés dans des refuges avec des cicatrices physiques et psychologiques.

Si vous adoptez un Staffordshire Bull Terrier, vous aurez la certitude d'avoir offert une seconde chance à un chien malheureux, trahi par l'espèce humaine qu'il était pourtant né pour aimer inconditionnellement. Vous le saurez car il ne cessera jamais de vous le rappeler, vous comblant de l'amour qui est dans sa nature, et d'une amitié pour la vie.

CHAPITRE 5
Problèmes comportementaux et éducation canine

« Tous les Staffords devraient commencer leur éducation dès le stade du chiot avec une formation solide. Le meilleur Stafford pour votre foyer est un Stafford bien éduqué. L'obéissance est indispensable pour tirer le meilleur parti de votre chien. »

Robert Randall
Élevage Guardstock de Staffordshire Bull Terriers

Le Staffordshire Bull Terrier déborde d'énergie et peut se montrer têtu, mais c'est une race très intelligente et éducable. Dans la plupart des cas, une application ferme et cohérente de l'éducation par renforcement positif garantira que votre Staffie grandisse pour devenir un membre obéissant et loyal de la famille, et un digne ambassadeur d'une race si souvent mal comprise.

Si vous commencez avec un chiot issu de parents au bon tempérament, vous partez avec une longueur d'avance. Cependant, si votre chien n'a pas eu un bon départ dans la vie, il n'aura peut-être pas appris comment se comporter au sein de sa nouvelle meute humaine, et certains comportements négatifs peuvent s'être enracinés. Ce chapitre donne quelques conseils pour éduquer votre chien à s'intégrer dans la vie familiale. Il est généralement tout à fait possible d'éduquer votre chien vous-même, bien que les cours pour chiots soient d'une grande aide pour la socialisation, les conseils d'experts et le soutien moral. Si votre chien présente davantage de difficultés, vous ne devriez jamais avoir le sentiment d'avoir échoué en faisant appel à un comportementaliste professionnel. Très souvent, leur expérience vous aidera rapidement à mettre votre chien sur la bonne voie. Chaque propriétaire attentionné souhaite faire le meilleur pour son Staffordshire Bull Terrier, et l'aider à apprendre un comportement acceptable est le plus grand service que vous puissiez rendre à votre chien, garantissant qu'il ne deviendra jamais une statistique supplémentaire dans un refuge pour animaux.

Crédit photo :
Jason Lee

L'apprentissage de la propreté

L'apprentissage de la propreté est la première chose que vous devrez enseigner à votre chien si vous venez de ramener à la maison un chiot de dix semaines. Cependant, si vous avez adopté un chien plus âgé, il est possible que vous deviez également lui apprendre à faire ses besoins dehors, surtout s'il a été en chenil auparavant et n'a jamais vécu dans un foyer familial. Rééduquer un chien plus âgé peut être plus difficile car vous devez surmonter un comportement enraciné, mais un chien adulte a au moins un contrôle physique sur sa vessie et ses intestins, ce qu'un jeune chiot est encore en train de développer.

Quelle que soit la situation dans laquelle vous vous trouvez, vous devez tirer parti du fait que tous les chiens ont un instinct inné de garder leur zone de couchage propre. Si un chien souille régulièrement son lit, il devrait consulter un vétérinaire, car il pourrait avoir un problème physique. Même confiné dans un chenil ou une cage, un chien fera ses besoins à l'autre extrémité. C'est l'une des raisons pour lesquelles, si vous éduquez votre chiot à la cage, vous ne devriez pas choisir une cage trop grande, car il doit consi-

Crédit photo :
Brooke Downey

dérer l'ensemble comme son lit et retenir sa vessie et ses intestins jusqu'à ce que vous le laissiez sortir dans le jardin. Il va sans dire que cela doit se faire à intervalles fréquents lorsqu'il est jeune et que son contrôle n'est pas encore pleinement développé. Sinon, il souillera accidentellement son lit, ce qui lui causera de la détresse et retardera son apprentissage.

Si vous n'utilisez pas de cage, vous devez quand même laisser sortir votre chiot dans le jardin très fréquemment, pour éviter tout accident à l'intérieur. Établir une routine régulière aidera, et laissez toujours sortir votre chiot au réveil, après avoir mangé et avant de se coucher. Lorsque votre chien est dehors, vous devez simplement l'observer et reconnaître quand il est sur le point de faire ses besoins. Tous les chiots mâles ne lèveront pas la patte dans les premiers mois, alors comme pour une femelle, cherchez une intention de s'accroupir, puis utilisez votre ordre, « pipi » ou « fais tes besoins » ou tout autre mot que vous souhaitez utiliser. Vous avez alors toutes les raisons de féliciter abondamment votre chien pour avoir fait ce qu'il faut, et il apprendra vite à associer le mot à l'action, et à se soulager sur commande, ce qui est extrêmement utile lorsque vous souhaitez que votre chien soit à l'aise avant de sortir, ou en fin de soirée.

Si votre chien a un accident dans la maison, ce qui est inévitable, vous ne devriez jamais faire d'histoires, à moins que vous ne surpreniez votre chien en plein acte, auquel cas vous devriez l'emmener rapidement dehors pour lui faire comprendre que le jardin est l'endroit pour faire ses besoins. Réprimander votre chien lorsque vous trouvez une tache humide sur le tapis ne fera que le confondre, car il ne fera pas l'association s'il l'a fait il y a un moment. Vous pourriez même le rendre incontinent de stress si vous le punissez pour avoir accidentellement fait ses besoins à l'intérieur, ce qui est contre-productif. Vous devriez simplement nettoyer soigneusement la zone avec un produit neutralisant l'ammoniac ou un shampooing pour tapis si vous en avez un, pour vous assurer que le chien n'est pas attiré par l'odeur pour souiller à nouveau le même endroit.

Si vous avez un chien mâle, vous constaterez peut-être que vous devez faire face au marquage olfactif dans la maison, ce qui est extrêmement désagréable et non hygiénique. La castration de votre chien éliminera ou réduira généralement ce comportement.

Si vous avez un chien adulte qui a été auparavant propre, mais qui commence soudainement à souiller la maison, vous devriez envisager deux possibilités. Y a-t-il eu quelque chose de perturbant pour le chien qui provoque une réaction de stress ? Ou le chien a-t-il un problème physique, comme une infection urinaire, ou dans le cas d'une femelle stérilisée, un relâchement du sphincter urinaire, comme discuté au chapitre 12 ? Ces deux condi-

Crédit photo :
Jashvir Singh

tions nécessitent une visite chez le vétérinaire mais sont généralement facilement traitées.

Mâchonnement et comportement destructeur

« Les Staffords sont 'mordilleurs', soyez prêts à enseigner à votre chien les bonnes manières concernant le mâchonnement et les mordillements aux talons. Ils sont incroyablement intelligents et apprendront rapidement à ne pas le faire, mais c'est à vous de les éduquer. »

Teri Keetch
Élevage Dyna Staffs

Si votre Staffordshire Bull Terrier est un chiot, le mâchonnement est un comportement tout à fait naturel pour lui. C'est une façon d'explorer son nouveau monde, et cela soulage également l'inconfort généré par sa dentition en développement. Entre l'âge de trois et six mois, votre chiot perdra progressivement ses 28 dents de lait, qui seront remplacées par 42 dents adultes. C'est à ce moment-là qu'il y a des dents supplémentaires qui poussent à travers les gencives, ainsi que des dents plus grandes qui remplacent celles dans les alvéoles de lait. Il n'est guère surprenant que votre chiot Staffie soit constamment conscient de sa bouche pendant cette période et qu'il mâchonne sans discernement. En tant que propriétaire, l'astuce pour garder une longueur d'avance est d'éloigner autant d'objets que possible que vous ne souhaitez pas qu'il mâchonne, et de les remplacer par des objets qu'il peut mâchonner en toute sécurité. Quelques suggestions sont données au chapitre 10 sur la santé dentaire, mais les choix populaires sont les bois de cerf (qui ne se fendront pas comme les os), un Nylabone® (jouet à mâcher en nylon résistant) et un Kong® en caoutchouc, qui peut également occuper votre chien en étant rempli d'une friandise savoureuse comme de la pâtée, du beurre de cacahuète sans xylitol, ou une partie de sa ration quotidienne de croquettes.

Les chiens plus âgés qui aiment encore mâchonner peuvent recevoir un produit dentaire industriel à mâcher, une oreille de porc séchée, divers produits d'abats séchés, ou un os frais (jamais cuit). Cependant, surveillez votre chien avec les produits à mâcher qui se décomposent, au cas où une partie de ceux-ci se fendrait ou se logerait dans sa gorge.

Si vous surprenez votre chien en train de mâchonner quelque chose qu'il ne devrait pas, comme votre chaussure, vous devriez la lui retirer avec un ferme « non », mais toujours la remplacer par un produit à mâcher approuvé. Le mâchonnement n'est pas un mauvais comportement, il est naturel. Cependant, votre chien doit apprendre ce qu'il est approprié de mâchonner et ce qu'il doit laisser tranquille.

Malheureusement, les Staffordshire Bull Terriers peuvent être enclins à un comportement destructeur car ils sont très énergiques et s'ennuient facilement. Si vous êtes très attaché à l'ordre dans votre maison, le Staffie n'est peut-être pas la race pour vous, ou vous pourriez envisager une « pièce de défoulement » pour votre chien, où vous ne gardez aucun objet de valeur. Cependant, si votre chien n'est destructeur qu'en votre absence, malgré le fait qu'il soit laissé avec des jouets et des objets à mâcher sûrs, cela peut être un signe d'anxiété de séparation, qui est abordée ci-après.

Anxiété de séparation

Votre Staffie n'est pas né pour être seul. Il a été élevé par sa mère dans une meute avec ses frères et sœurs, et quand vous êtes arrivé, vous avez comblé ce vide nouvellement créé dans sa vie, et vous êtes devenu son monde. Il est naturel qu'il ne veuille pas que vous le quittiez. Cependant, la vie ne fonctionne pas comme ça, et parfois votre chien devra rester seul à la maison. Que votre chien gère facilement ou non cette situation dépend beaucoup de son tempérament. Cependant, vous pouvez lui apprendre à se sentir calme et installé lorsque vous n'êtes pas là, en lui donnant la confiance que vous reviendrez toujours.

Si vous éduquez votre chiot à la cage, vous avez un avantage, car lorsque vous êtes absent de la maison, vous savez que votre chien ne détruit pas la maison ; le plus de dégâts qu'il puisse faire est à son lit. Mais vous ne voulez pas qu'il se sente suffisamment stressé pour déchirer son lit, vous devez donc commencer à lui apprendre à rester seul en le laissant pour une très courte période, initialement juste quelques minutes.

Assurez-vous toujours que votre chien est à l'aise avant de le laisser et qu'il soit sorti avant pour faire ses besoins. Vous pouvez lui laisser un jouet à mâcher sûr et indestructible pour le distraire, et certains propriétaires aiment laisser la radio ou la télévision allumée pour masquer les bruits extérieurs.

Ne dramatisez pas les séparations avec votre chien. Vous devriez l'ignorer à votre sortie et à votre retour. Sinon, il pensera que votre départ est un évènement important. En minimisant l'évènement, vous lui faites comprendre que ce n'est pas quelque chose dont il faut s'inquiéter. Si vous entendez votre chien gémir, ne revenez pas par la porte jusqu'à ce qu'il soit calme. Ensuite, revenez tranquillement par la porte et laissez votre chien sortir dans le jardin ou la cour. Une fois qu'il est calme, vous pouvez lui donner une caresse et lui dire qu'il est un bon chien.

Augmentez progressivement le temps pendant lequel vous laissez votre chien. Vous ne devriez pas laisser un jeune chiot plus de quelques heures car il aura besoin de faire ses besoins, et souiller l'intérieur retardera son apprentissage. Un chien adulte ne devrait pas être laissé plus de quatre heures. Si vous devez être absent plus longtemps, vous devriez employer quelqu'un pour venir et permettre à votre chien de sortir pour une pause soulagement.

Si vous vivez quelque part où le climat est suffisamment favorable pour que votre chien vive dans le jardin pendant que vous êtes absent, et que votre jardin est sécurisé, vous pourrez éventuellement laisser votre chien plus longtemps car il est libre de faire ses besoins si nécessaire. Cependant, votre lien n'est pas renforcé quand vous le laissez seul pendant de longues périodes ; il a toujours besoin de compagnie.

Si vous avez adopté un chien souffrant d'anxiété de séparation sévère, cela aurait dû être signalé par le refuge, car les chiens gravement affectés peuvent avoir besoin de quelqu'un autour d'eux en permanence et ne peuvent pas être placés dans un foyer où le propriétaire est absent au travail pendant la journée. Le Staffie est une race qui préfère de loin la compagnie humaine à celle d'autres chiens, mais si votre Staffie est sociable et 100% non agressif avec d'autres chiens, vous pourriez envisager de lui trouver un autre compagnon non dominant, mais idéalement pas deux mâles. Si les problèmes persistent, il vaut la peine de consulter un comportementaliste professionnel pour examiner votre situation individuelle et utiliser son expérience pour vous conseiller sur la meilleure façon d'aider votre chien.

Construire la confiance de votre chien est essentiel pour en faire un compagnon calme et épanoui, c'est un processus qui demande du temps et de la patience . Restez cohérent, et votre chien apprendra ce qu'on attend de lui, et que vous ne le décevrez jamais.

Le rappel

L'un des attributs les plus forts du Staffordshire Bull Terrier, qui joue en votre faveur lors de l'entraînement au rappel, est le fait que votre Staffie adore tout simplement les humains, donc être avec vous est sa meilleure récompense, et contrairement à de nombreuses autres races, l'évasion n'est tout simplement pas dans son programme !

Cela dit, être dehors est excitant pour votre chien. Il y a beaucoup de nouvelles vues et odeurs, et si vous êtes dans un parc, il peut y avoir d'autres chiens et personnes. Les Staffies sont pleins d'énergie et facilement stimulés, donc compte tenu de ces défis, vous devez vous assurer que vous êtes encore plus excitant à côtoyer que les autres choses qui se disputent l'attention de votre chien. Une voix enjouée et excitée est indispensable, et quelques friandises savoureuses dans votre poche aideront aussi. Cependant, vous êtes dehors pour que votre chien puisse aussi s'amuser et explorer son environnement, vous devez donc être capable de donner à votre chien la permission de s'éloigner, et de pouvoir le rappeler de manière fiable également.

Donner à votre chien l'ordre « libre » lorsque vous l'envoyez au loin vous met en contrôle de son mouvement libre, de sorte que vous ne perdiez pas complètement son attention et puissiez rappeler votre chien plus facilement. Dans les étapes d'entraînement, vous devriez rappeler votre chien fréquemment, et le récompenser lorsqu'il revient à vos côtés avec une friandise ou des éloges. De plus, ne marchez pas en ligne droite, mais changez constamment de direction, pour faire en sorte que votre chien garde son attention sur vous. Emporter une balle avec vous peut aider à maintenir l'attention de votre chien sur vous, car les Staffies adorent jouer. Cependant, vous ne devriez pas jouer à la balle ou surmener un jeune chiot, car ses articulations et ses os sont encore mous.

Si votre chien s'enfuit, ne le réprimandez jamais à son retour, ou il associera le retour à être grondé. Au début, l'entraînement au rappel devrait avoir lieu dans un environnement sûr et clos comme un jardin, un champ ou un parc bien clôturé, et loin de la circulation et d'autres chiens. Si votre chien s'avère plus difficile, vous pouvez envisager une longue laisse d'entraînement attachée à un harnais (jamais un collier), pour aider votre chien à apprendre à respecter sa portée. Il est préférable d'utiliser ces longues laisses loin d'autres personnes car elles peuvent causer des enchevêtrements.

Enseigner à votre chien un bon rappel est une priorité élevée avec le Staffordshire Bull Terrier, surtout si vous prévoyez de le promener dans des lieux publics, car de nombreuses personnes, en particulier les enfants et certains parents, se méfient de la race, aussi injustement soit-il. De plus, les Staffies peuvent être réactifs avec d'autres chiens, ce qui est abordé au chapitre 7. Être capable de contrôler votre chien est le meilleur moyen de montrer au monde que les Staffies ne méritent pas leur réputation, tout en garantissant que tout le monde puisse profiter de son temps à l'extérieur.

Poursuite des voitures

Toutes les races de chiens ne poursuivent pas les voitures, mais ce comportement dangereux est souvent observé chez les Staffies, car ils sont très énergiques et attirés par les objets en mouvement. Il va sans dire qu'aucun chien ne devrait être sans laisse près de la circulation à moins qu'il ne soit complètement éduqué. Mais certains chiens peuvent être en liberté dans leur propre jardin ou cour avant quand une voiture passe, et ils seront attirés pour la poursuivre. La réponse évidente est de toujours garder votre chien derrière une clôture sécurisée. Cependant, comme nous sommes tous faillibles, et que votre chien peut parfois se retrouver sans laisse lorsqu'une voiture passe, s'il est enclin à ce comportement, il doit apprendre à obéir à l'ordre « laisse ».

Vous pouvez vous préparer à cela en mettant votre chien en laisse et en lui lançant un jouet. Son instinct est d'aller chercher le jouet, mais immédiatement après l'avoir lancé, vous dites fermement « laisse », et gardez la laisse tendue. Récompensez et félicitez votre chien pour être resté à vos côtés. Vous apprenez ainsi à votre chien à surmonter son instinct de poursuite.

Développez cela jusqu'à avoir un ami qui court ou passe à vélo, car les poursuiveurs de voitures sont généralement attirés par les joggers et les cyclistes aussi. Dites à votre chien de « laisser », et retenez-le avec la laisse, bien que lui donner un peu de mou lui permette de faire le choix de sa propre volonté à ce stade. Récompensez-le pour son bon comportement, et continuez à pratiquer jusqu'à ce qu'il adopte le bon comportement 100% du temps.

Creuser

Creuser fait partie de l'ADN de tout chien, mais malheureusement le Staffordshire Bull Terrier peut être un creuseur très déterminé, en raison de ses niveaux d'énergie élevés et de son faible seuil d'ennui. Le Staffie est également un chien fort et musclé, donc en peu de temps, il peut faire un grand trou, et s'il choisit de le faire sous la clôture de votre jardin, il aura bientôt une voie d'évasion s'il est dehors sans surveillance.

Il existe quatre approches pour contrôler le comportement de creusement chez votre Staffordshire Bull Terrier : la supervision, la redirection, la distraction et la prévention.

Comme vous ne pouvez pas déprogrammer l'instinct de votre chien à creuser, vous devez le surpasser en détournant son comportement de creusement vers une zone acceptable et non sous votre clôture ou dans votre massif de fleurs. Choisissez un endroit et soit bêchez-le pour casser la surface, soit ajoutez du sable pour faire un bac à sable, ou enterrez des choses qu'il aimera trouver. Maintenant, surveillez votre chien, et lorsque vous le surprenez à creuser ailleurs, emmenez-le rapidement dans sa zone de creusement désignée. En espérant qu'il trouvera beaucoup plus gratifiant de creuser à cet endroit, et avec le temps comprendra la différence entre les endroits acceptables et inacceptables pour exercer son envie de creuser.

Les Staffies aiment creuser pour éviter l'ennui, mais aussi parce que ses instincts primitifs lui disent que la nourriture enterrée se conserve plus longtemps et est à l'abri des autres prédateurs. Pour cette raison, un chien qui creuse ne devrait pas recevoir d'os sans surveillance car il voudra instinctivement les enterrer. Cependant, si vous enterrez un os dans sa zone de creusement désignée, cela peut être très gratifiant pour lui, tant que vous le surveillez pour vous assurer qu'il ne part pas le ré-enterrer ailleurs.

Vous pouvez distraire votre chien de creuser par ennui en lui fournissant un divertissement alternatif, comme des jouets d'activité tels qu'un Kong® rempli de quelque chose de savoureux, ou un produit à mâcher sûr. Ne le laissez pas avec une balle, car il voudra évidemment l'enterrer !

Pour éviter que votre chien ne creuse à des endroits indésirables, vous devrez peut-être enterrer vos panneaux de clôture sur 30 à 60 cm de profondeur. Une autre méthode consiste à placer du grillage à poules ou des pierres partiellement enterrées le long de la base de la clôture : cela constitue un bon moyen de dissuasion. Il existe des produits sur le marché visant à dissuader les chiens de creuser dans un endroit précis, mais il existe aussi d'autres méthodes plus « artisanales », comme l'utilisation de sauce chili ou même l'enfouissement de leurs propres excréments. Cependant, le résultat n'est pas garanti... certains chiens semblent apprécier ces choses-là !

Comme pour toute éducation, la clé est de rester positif et cohérent. Ne punissez pas votre chien pour un comportement naturel de chien, et essayez d'anticiper comment fonctionne son esprit pour garder une longueur d'avance sur lui !

Mordre

Crédit photo :
Helen Nolan

Comme le mâchonnement, mordre est un comportement naturel pour un chiot, mais il est d'une importance vitale que votre chiot apprenne l'inhibition de la morsure pendant son éducation précoce, car un chien qui a manqué cette leçon pourrait continuer à utiliser la morsure comme action défensive. Non seulement cela peut causer des blessures, mais cela ne fait rien pour réhabiliter la réputation du Staffordshire Bull Terrier.

Si vous avez la chance de commencer à zéro avec un chiot, vous constaterez qu'il veut mordiller vos mains tout le temps, et parfois il peut pincer. En jouant avec ses compagnons de portée, les chiots poussent des cris aigus lorsqu'ils sont mordillés par un autre, et cela signifie qu'ils ont dépassé les limites. Vous devez faire de même. De plus, vous devriez renforcer ce point en privant votre chiot de ce qu'il veut, c'est-à-dire votre attention. Tournez le dos à votre chiot lorsqu'il vous mordille, puis revenez jouer lorsqu'il se calme.

De plus, pour éduquer un chien à ne pas mordiller, vous pouvez tenir une friandise dans votre main fermée sans la libérer pendant qu'il mordille votre main, puis n'ouvrir votre main que lorsque votre chien éloigne son museau. Il apprendra qu'il n'obtient pas ce qu'il veut en mordillant votre main.

Ce comportement ne devrait pas être apparent chez un chien adulte, mais certains chiens qui n'ont pas appris l'inhibition de la morsure en tant que chiots peuvent démontrer des morsures agressives, ce qui est un problème comportemental sérieux. Cela peut même conduire à l'euthanasie du chien, il doit donc être abordé.

Les chiens qui mordent par peur ou agressivité montrent généralement des signes avant-coureurs, comme la rigidité ou un retroussement des lèvres, mais les enfants pourraient ne pas reconnaître ces signes pour reculer. Un comportementaliste devrait être consulté si votre chien démontre des morsures agressives, et il devrait toujours être muselé en public.

Coprophagie

La coprophagie est une habitude particulièrement répugnante courante chez les Staffies, ainsi que chez certaines autres races. Cela signifie qu'ils mangeront leurs propres excréments, ou ceux d'autres chiens, chats ou animaux sauvages. Malheureusement, aucune étude scientifique n'a encore trouvé la réponse définitive à ce comportement révoltant, bien que les théories vont des carences alimentaires à un instinct primitif de nettoyage, en passant par le besoin de rééquilibrer leur microbiome, ou simplement une gourmandise mal placée. Et puisque nous ne comprenons pas la raison de la coprophagie, nous ne pouvons pas la prévenir, donc nous devons la gérer.

La réponse, si votre chien aime manger des excréments, est de s'assurer autant que possible qu'il n'y a pas accès. Cela signifie garder le jardin propre et être vigilant lors d'une promenade, surtout si votre chien est sans laisse.

Si votre chien mange régulièrement des excréments, il est susceptible d'avoir une charge parasitaire intestinale plus importante que le Staffordshire Bull Terrier moyen. Il devrait donc être vermifugé avec un comprimé téniafuge tous les trois mois en plus de recevoir un traitement mensuel contre les vers ronds et autres ascarides.

Les types de problèmes comportementaux que vous rencontrerez dans votre parcours avec votre Staffie peuvent aller de la gestion de ses instincts naturels aux problèmes inacceptables qui ne peuvent être abordés qu'avec une aide professionnelle. Vous trouverez également un large éventail de stratégies et conseils qui vous seront offertes par des amis, des livres, la télévision et internet, donc si une méthode échoue, il y aura toujours d'autres approches à essayer. Le renforcement positif est la clé, ainsi qu'une application cohérente et ferme. Il n'y a rien de plus gratifiant que la fierté que vous pouvez ressentir pour un Staffordshire Bull Terrier bien éduqué.

CHAPITRE 6
L'éducation à l'obéissance

« Les Staffords sont très intelligents et faciles à éduquer. Ils sont désireux de plaire et leurs sentiments sont facilement blessés s'ils pensent vous avoir déçu. La cohérence dans vos paroles et vos félicitations est tout ce dont ils ont besoin pour comprendre rapidement ce que leur maître attend d'eux. »

Teri Keetch
Dyna Staffs

L e Staffordshire Bull Terrier peut être une race obstinée ; cependant, les Staffies sont très intelligents et ils se croient humains, donc avec une éducation ferme et cohérente, ils peuvent devenir parfaitement obéissants. Il y a quelque chose de très gratifiant à posséder un Staffie obéissant, car vous savez que votre chien aide à déconstruire la réputation injuste de la race chaque fois qu'il rencontre une nouvelle personne. Un chien obéissant représente également moins de danger pour les autres ou pour lui-même, et il est plus apte à vivre harmonieusement au sein du foyer familial. Ainsi, investir dans l'éducation dès le début est le meilleur service que vous puissiez rendre à votre nouveau chiot Staffie, car la période cruciale d'apprentissage se situe dans les six premiers mois, avant l'adolescence. Inscrire votre chiot à des cours de socialisation dès qu'il a terminé sa première série de vaccins vous mènera aux cours d'obéissance, et que vous ayez déjà eu des chiens ou non, il peut être utile d'avoir le soutien moral d'autres propriétaires et des conseils d'experts à portée de main pour éduquer votre chiot Staffie. C'est également plus amusant et cela établit une routine plus facile à maintenir.

Si vous avez adopté un chien plus âgé qui n'a pas eu la chance de recevoir une éducation à l'obéissance précoce, vous pourriez trouver la tâche plus difficile. Cependant, les cours d'obéissance ne sont pas réservés aux chiots. Tant que votre chien est vacciné et non agressif, il sera le bienvenu dans un cours. Sinon, si vous rencontrez des difficultés avec son éducation, vous pourriez envisager des séances individuelles avec un comportementaliste. Quel que soit le manque de discipline de votre chien au moment de l'adoption, il existe des techniques pour améliorer son obéissance, et un comportementaliste sera capable d'identifier ce qui motive votre chien en particulier.

Les méthodes d'éducation à l'obéissance dures et parfois cruelles utilisées dans le passé sont tombées en désuétude ces dernières années, car elles ne créent pas un lien de confiance entre le maître et le chien. Aujourd'hui, les chiens sont éduqués selon des méthodes de renforcement positif, qui récompensent le chien pour une réponse correcte.

Le renforcement positif utilise généralement une friandise pour récompenser un comportement correct, qu'il s'agisse d'un minuscule morceau de quelque chose d'irrésistible comme de la saucisse, d'une petite friandise d'éducation de votre animalerie, ou de morceaux de foie séché faits maison. Assurez-vous simplement d'ajuster la ration alimentaire quotidienne de votre chien en conséquence. Certains chiens qui ne sont pas motivés par la nourriture peuvent en fait mieux répondre à un jouet préféré. Certains cours utilisent également un clicker pour renforcer le comportement correct, qui peut éventuellement être utilisé sans la friandise. Tout comme le « chien de Pavlov », le renforcement positif utilise le « conditionnement associatif », donc avec une répétition constante, le chien sait exactement quoi faire sur commande en associant le mot et l'action.

Il existe de nombreuses approches de l'éducation à l'obéissance, et les sections suivantes ne donnent qu'un exemple pour enseigner les ordres de base. Si on vous a appris une méthode différente en cours, tant que celle-ci fonctionne et qu'elle suit la méthode de renforcement positif, vous devriez vous y tenir, car votre chien apprécie la cohérence pour éviter toute confusion.

Comment enseigner « Assis »

Comme préliminaire à l'enseignement de « Assis », vous devriez d'abord apprendre à votre chien la commande « Regarde-moi », car sans l'attention totale de votre chien, vous menez un combat perdu d'avance, et les Staffies sont facilement distraits.

La plupart des Staffies sont motivés par des friandises savoureuses, surtout si vous avez quelque chose de particulièrement délicieux dans votre main fermée. Ne récompensez pas votre chien s'il gratte votre main, mais lorsqu'il établit un contact visuel, vous devez rapidement dire « Regarde-moi » et lui donner la friandise. Au début, vous ne devriez pas utiliser de nouvel ordre pour inciter une action, mais seulement lorsque le chien fait activement l'action que vous exigez. C'est parce qu'il doit associer le mot à l'action

Crédit photo :
Lucy Whitmore

correcte. Au fur et à mesure que vous répétez l'exercice et que votre chien s'améliore, vous pouvez séparer l'ordre de l'action en disant « Regarde-moi » pour inciter votre chien à rester immobile et à établir un contact visuel.

Donc, une fois que vous avez l'attention de votre chien, et qu'il sait maintenant qu'il peut gagner des friandises en faisant ce que vous lui demandez, montrez-lui la friandise dans votre main en l'approchant de son museau, puis levez votre main. Le museau de votre chien suivra la friandise, et son arrière-train s'abaissera instinctivement.

Vous avez créé la position « Assis » chez votre chien sans qu'il en soit conscient, vous devez donc maintenant associer le mot « Assis » à l'action. Donc, ce n'est que lorsque l'arrière-train de votre chien commence à s'abaisser que vous devez utiliser le mot « Assis ». Récompensez votre chien, laissez-le se lever, et répétez le processus plusieurs fois.

Tant que votre chien reste concentré, vous pouvez alors séparer le mot de l'action pour en faire une incitation consciente en disant à votre chien de s'asseoir alors qu'il est encore en position debout.

Il est très important de terminer la séance sur une note positive avec une réponse correcte, et de garder les séances d'entraînement courtes, car une fois que votre chien perd sa concentration, cela retardera le processus d'apprentissage. Court mais souvent, c'est la clé du succès.

Comment enseigner « Pas bouger »

Une fois que votre Staffie sait s'asseoir sur commande, il doit apprendre qu'il est toujours sous votre contrôle et qu'il n'est pas autorisé à se lever sans votre permission. Cela peut être un défi pour un Staffordshire Bull Terrier plein d'entrain. Ne lui en demandez donc pas trop trop vite, car la durée pendant laquelle vous pouvez vous attendre à ce qu'il reste immobile devra être augmentée progressivement.

Parallèlement au mot « Pas bouger », vous devez enseigner la commande « Libre » pour libérer votre chien de la position. Lorsque vous faites asseoir votre chien pour la première fois, vous avez encore toute son attention, car il s'attend à une friandise. Par conséquent, vous devez retarder la friandise de quelques secondes, et pendant qu'il est calme et dans l'expectative, utilisez l'ordre « Pas bouger », car il est actuellement en train de rester immobile.

Lorsque vous donnez la friandise à votre chien, il est susceptible de se lever, vous devez donc associer cette libération au mot « Libre », et au moment où vous donnez la friandise et dites « Libre », vous devez éloigner le chien de l'endroit avec un mouvement semi-circulaire de votre main, puis lui permettre de prendre la friandise. De cette façon, vous enlevez toute décision à votre chien et restez le contrôleur de ses actions, ce qui est important dans l'esprit de votre chien car il doit apprendre à toujours se soumettre à vos ordres pour être un chien obéissant.

Répétez le processus plusieurs fois pour le renforcer, en prolongeant progressivement la durée pendant laquelle vous pouvez maintenir l'attention de votre chien en position « Pas bouger ». Comme précédemment, ne prolongez pas la séance au-delà de la capacité de concentration de votre chien, et terminez toujours sur une note positive.

Comment enseigner « Couché »

L'enseignement de « Couché » adopte le même principe que l'enseignement de « Assis ». C'est-à-dire que vous encouragez votre chien à adopter la bonne position corporelle par la façon dont vous utilisez la friandise pour guider son action.

Maintenant que votre chien comprend également « Pas bouger » et ne se lève pas juste après s'être assis pour vous, il est prêt à apprendre à se coucher, ce qui impressionne toujours vos visiteurs et leur montre un Staffie sous son meilleur jour.

Avec votre chien en position « Assis », dites-lui de « Pas bouger » afin que son attention soit toujours entièrement sur vous dans l'attente de la récompense. Vous devez ensuite amener votre main contenant la friandise au sol entre les pattes avant de votre chien. Sa tête et son cou suivront votre main, puis vous amenez la friandise le long du sol vers vous. Ce faisant, les pattes avant de votre chien ramperont sur le sol en suivant la friandise et instinctivement, il abaissera ses épaules au sol, créant la position « Couché ». Lorsque ses coudes touchent le sol, utilisez l'ordre « Couché » et récompensez votre chien. Vous pouvez maintenant le libérer avec la commande « Libre ».

Une autre technique, si vous constatez que l'arrière-train de votre chien se lève lorsque ses pattes avant s'abaissent, consiste à utiliser votre bras libre comme une barre de limbo sur son dos, et à continuer à attirer la friandise vers vous. Lorsque son corps rampe vers la friandise, il sera forcé d'abaisser son arrière-train sous votre bras.

Continuez les répétitions jusqu'à ce que la concentration de votre chien s'épuise, et pratiquez tous les jours pour bien faire passer le message.

Comment enseigner la marche en laisse

Les Staffordshire Bull Terriers sont de taille moyenne, mais ils sont très énergiques, forts et musclés. Par conséquent, s'ils n'apprennent pas à marcher correctement avec une laisse détendue, ils sont tout à fait capables de faire tomber leur maître ou de le traîner dans la rue. C'est dangereux et inacceptable, donc apprendre à votre chien à marcher en laisse est une priorité absolue.

Si vous avez un jeune chiot, vous pourriez vous retrouver avec une boule d'énergie incontrôlée au bout d'une laisse, et votre mission sera de dompter *Crédit photo : Megan Murray*

votre chien et de l'amener à se concentrer sur vous.

Si vous avez adopté un chien plus âgé qui n'a pas appris à marcher en laisse, vous pourriez avoir l'impression de devoir le retenir et cela peut être une véritable bataille physique. Un chien adulte est beaucoup plus fort qu'un chiot. Vous pourriez trouver utile de vous entraîner dans un environnement intérieur, comme des cours d'éducation, ce qui aide votre chien à se concentrer car il a moins de raisons de tirer sans horizon en vue. Les chiens peuvent se comporter très différemment à l'intérieur et à l'extérieur, et il est utile de commencer là où vous êtes plus susceptible de réussir. Mais ne vous découragez pas si, une fois à l'extérieur, votre chien redevient immédiatement foufou. Continuez patiemment avec les mêmes techniques, car les Staffies sont des bons apprenants.

Lors de l'apprentissage de la marche en laisse, celle-ci est généralement attachée au collier, car le chien est plus sensible au contact. L'exception serait si votre chien tire au point de pouvoir endommager les os de son cou, auquel cas un harnais est préférable. Les harnais de contrôle sont un dernier recours si votre éducation de base échoue, mais il vaut la peine de consulter un professionnel pour obtenir de l'aide avant de recourir à un gadget pour imposer l'éducation en laisse. Les colliers étrangleurs ne doivent jamais être utilisés car ils peuvent causer des blessures.

Une fois de plus, obtenir l'attention de votre chien est la première étape pour lui apprendre à marcher avec une laisse détendue. Avec votre laisse dans la main droite, positionnez votre chien à votre gauche, puis faites quelques pas en avant. S'il se précipite en avant, vous devez vous arrêter. Lorsque la laisse est à nouveau détendue, faites quelques pas de plus. Si votre chien marche correctement, même momentanément, glissez-lui une friandise de votre main gauche (il est utile de les garder à portée de main dans une poche ou une banane). Arrêtez-vous toujours lorsque votre chien tire sur la laisse. Il doit apprendre qu'il n'arrivera pas là où il veut aller en tirant. Il est peu probable que ce cours termine en promenade, mais il est important d'accepter qu'il s'agit d'un entraînement et non d'une récréation.

Une fois que votre chien s'est amélioré pour prêter attention et peut marcher plus de quelques pas avec une laisse détendue, passez à l'étape suivante en changeant fréquemment de direction, en gardant votre chien concentré et intéressé en étant enthousiaste sur ses progrès ! Les Staffies sont excitables, alors n'excitez pas trop votre chien au point qu'il commence à sauter, et ne lui glissez ses friandises que lorsqu'il marche très bien à vos côtés.

Si vous vous êtes entraîné à l'intérieur ou dans votre jardin et que votre chien a bien progressé, vous pouvez maintenant répéter les exercices dans un environnement extérieur plus ouvert. Il vaut la peine de choisir une zone sans trop de distractions, alors optez pour un endroit sans autres personnes ni chiens pour commencer. Finalement, vous pourrez passer au parc et aux environnements urbains animés, et cesser progressivement de donner une friandise pour le récompenser. Chaque nouvelle étape peut faire reculer votre chien alors qu'il fait face à plus d'espace et de distractions, mais dans l'ensemble, il consolidera ses progrès.

Ce chapitre a donné quelques suggestions pour commencer l'éducation à l'obéissance de base, mais il existe de nombreuses approches et de nombreux Staffordshire Bull Terriers avec une diversité de tempéraments. Il est important de s'en tenir à une approche d'éducation suffisamment longtemps pour donner une chance à votre chien, mais si cela ne fonctionne vraiment pas, une autre technique pourrait être plus efficace avec votre chien.

Si vous rencontrez des difficultés, il vaut la peine de consulter un professionnel pour obtenir des conseils. Et si vous avez adopté votre chien dans un refuge, ils peuvent avoir leur propre comportementaliste qui peut vous aider sans frais supplémentaires.

Crédit photo : Rhian Evans

Il convient de garder à l'esprit qu'un chien bien éduqué au départ peut régresser pendant l'adolescence, entre 6 et 12 mois, et vous ne devriez pas vous décourager, mais simplement poursuivre l'éducation, en faisant un pas en arrière et en revenant aux bases si nécessaire.

En général, cependant, une éducation cohérente et patiente basée sur la récompense, accompagnée d'une bonne dose de fermeté, gagnera le respect de votre Staffie sans compromettre son affection. Et bien qu'il ne rejoigne peut-être jamais un cirque, il vous rendra fier en apprenant les compétences d'obéissance de base pour rendre vos deux vies beaucoup plus faciles et sûres.

CHAPITRE 7
La socialisation

La meilleure chose que vous puissiez faire est de socialiser votre Staf-ford. Laissez-le jouer avec des enfants et des amis, mais assurez-vous de toujours le surveiller. Permettez-lui d'être en présence d'autres animaux, mais présentez-les progressivement. ASSUREZ-VOUS que votre chiot a reçu tous ses vaccins et a été vermifugé.

Robert Randall
Élevage Guardstock de Staffordshire Bull Terriers

Malgré la réputation du Staffordshire Bull Terrier comme chien in-timidant, la plupart des Staffies ne sont pas agressifs et sont très affectueux envers leur famille. Bien qu'il soit impossible de faire des générali-sations sur la race, dans l'ensemble, les Staffies préfèrent les humains aux autres chiens. Pour cette raison, socialiser un Staffie avec des personnes est généralement très simple, mais des problèmes peuvent parfois survenir lorsqu'il s'agit de socialiser un Staffordshire Bull Terrier avec ses congénères.

Importance de la socialisation

L'autre problème lié à la perception publique du Staffordshire Bull Terrier est que la race bénéficiera de beaucoup moins d'indulgence que d'autres races s'il montre le moindre signe d'agressivité, surtout s'il devait attaquer une personne ou un autre chien. En raison de l'association avec le Pit Bull Terrier, les gens qualifieront immédiatement le chien de « typé ». Au mieux, cela ternit davantage la réputation injuste de la race, et au pire, votre Staffie pourrait être soumis à une évaluation pour un comportement qu'on aurait pardonné à un Yorkshire Terrier. Dans la bataille permanente pour redresser la réputation du Staffie, chaque propriétaire devrait s'effor-cer de faire de son chien un ambassadeur de la race. Non seulement cela aidera à surmonter les préjugés du public, mais un chien bien socialisé ne se retrouvera jamais dans une situation où il pourrait être euthanasié pour un acte d'agression, sans parler des dommages qu'il pourrait causer à une autre personne ou à un autre chien.

Quand socialiser votre nouveau chien

Il n'est jamais trop tôt pour socialiser votre Staffie. Votre chien a en fait été socialisé dès sa naissance par l'interaction avec ses frères et sœurs de portée, et un bon éleveur s'assurera également qu'il est habitué à être manipulé. Ainsi, lorsque vous récupérez votre chiot de trois mois, il a déjà pris un excellent départ. Votre travail consiste à poursuivre son apprentissage de la socialisation après qu'il a été séparé de sa mère et de ses frères et sœurs, car à ce moment-là, il se retrouve soudainement seul. Sa nouvelle famille est humaine, et en créant des liens avec vous, il oublie qu'il est un chien !

Présenter votre nouveau Staffordshire Bull Terrier à d'autres chiens

« Les Staff n'ont pas tendance à provoquer des conflits, mais ils ne reculeront pas une fois que ceux-ci sont engagés. Commencer la socialisation dès le plus jeune âge est la clé, et il est très important d'arrêter les problèmes avant qu'ils ne s'aggravent. Ne laissez jamais un chien inconnu s'approcher de votre Staff sans être préparé. Cela doit se faire lentement et avec prudence. »

Teri Keetch
Élevage Dyna Staffs

Dès que votre chiot a terminé sa première série de vaccinations, il est prêt à se faire de nouveaux amis chiens. Vous pouvez vous renseigner sur les cours de socialisation pour chiots dans votre région en demandant à votre cabinet vétérinaire. Les cours ou groupes de jeu pour chiots créent un environnement idéal et sécurisé pour que votre nouveau chiot Staffie interagisse avec d'autres chiens, car tous seront au même stade de développement, avec le même langage corporel de chiot. C'est une façon non menaçante pour votre chien d'apprendre à se sentir à l'aise avec des chiens d'autres races, avant que l'un d'entre eux ne développe de la peur ou de l'agressivité suite à de mauvaises expériences.

Votre chiot devra également apprendre à socialiser avec des chiens adultes, car jusqu'à présent, il n'a peut-être jamais rencontré d'autre chien adulte que sa mère. Les chiens adultes utilisent un langage totalement différent et peuvent avoir une faible tolérance pour un chiot mal élevé et exubérant. Choisissez donc soigneusement ses compagnons de jeu, car il est très important que votre chiot n'ait pas de mauvaises expériences à ce stade formatif. Rencontrer un ami avec un chien docile et amical sur un territoire neutre comme un parc tranquille est un bon choix. Sinon, il est préférable d'inviter votre ami et son chien dans votre jardin plutôt que chez eux, car votre chiot n'est pas encore territorial, alors que l'autre chien peut être plus sur la défensive dans son propre foyer jusqu'à ce qu'ils apprennent à se connaître.

Si vous avez déjà un chien et que vous ramenez votre nouveau Staffie à la maison pour la première fois, il est conseillé de ne pas faire entrer le

Crédit photo :
Bethany Hughes

Crédit photo :
Lauren Ford

nouveau chien directement par la porte d'entrée dans un espace confiné pour la première rencontre, car cela crée une dynamique conflictuelle. Il existe deux écoles de pensée concernant les premières salutations. L'une consiste à emmener les deux chiens directement dans le jardin où ils ont beaucoup d'espace pour faire connaissance, et où les chiens peuvent reculer lorsque les choses s'échauffent. L'autre approche consiste à emmener le chien déjà présent dans le jardin ou en promenade, pendant que le nouveau chien s'installe à l'intérieur. Ensuite, le chien résident peut entrer dans la maison et découvrir le nouveau chien, ce qui constitue une introduction plus douce que de les mettre ensemble à la porte d'entrée.

Lorsque vous introduisez un autre chien dans un foyer où il y a déjà un chien résident, il est parfaitement normal qu'il y ait une période d'adaptation, et des querelles peuvent survenir pendant que les chiens établissent la hiérarchie. Il est utile d'avoir une cage pour le chiot, surtout si le chien résident est âgé, car parfois une pause est nécessaire. Les chiens apprendront progressivement à créer des liens, surtout lorsqu'ils sont promenés ensemble sur un territoire neutre. Si les problèmes persistent, vous pouvez envisager de consulter un comportementaliste, ou si vous avez adopté un chien de refuge, l'association de sauvetage devrait pouvoir vous offrir des conseils d'expert, car ils seront très familiers avec les problèmes d'intégration. Ils ont également intérêt à ce que l'adoption fonctionne.

Présenter votre nouveau Staffordshire Bull Terrier aux enfants

Le Staffordshire Bull Terrier est communément appelé le « Chien nounou » en raison de son dévouement envers les enfants de la famille, ce qui reflète son véritable instinct de protéger et de se lier d'amitié avec les enfants, bien loin de sa réputation négative.

Cela dit, les enfants provoquent souvent involontairement une réaction chez un chien, aussi tolérant soit-il, en ne respectant pas son espace, en le taquinant ou en lui faisant mal. Donc, plutôt que de dresser le chien, la bonne façon de socialiser votre Staffordshire Bull Terrier avec les enfants est d'éduquer les enfants !

Si votre enfant est un très jeune bambin, vous devez vous attendre à le surveiller en permanence avec votre Staffie, mais il n'est jamais trop tôt pour commencer à lui apprendre à être doux et à traiter son ami à quatre pattes avec respect. Votre enfant doit apprendre à ne jamais tirer les oreilles de votre chien, lui piquer les yeux, tirer sa queue ou le chevaucher comme un poney. Montrez à votre enfant comment s'approcher de votre chien calmement par le côté pour que votre chien puisse le voir, puis caresser doucement le chien à l'arrière de sa tête et de son cou, et lui parler doucement.

Un enfant plus âgé peut être prêt à apprendre le langage corporel, ce qui est important s'il doit être laissé sans surveillance avec le chien. Vous devriez enseigner à votre enfant que lorsqu'un chien raidit son corps, recule ou retrousse ses lèvres, il doit immédiatement le laisser tranquille. Et assurez-vous que votre enfant comprend qu'il ne doit pas toucher le chien pendant qu'il mange ou dort.

Certains chiens peuvent avoir l'impression qu'ils se situent plus haut dans la hiérarchie familiale que les enfants, ce qui peut parfois les amener à défier les enfants. C'est inhabituel pour un Staffie car ils aiment tellement les enfants ; cependant, pour éviter que cela ne se produise, les foyers avec enfants devraient s'assurer que le chien dort dans son propre lit, pas sur le lit des parents, et les enfants devraient aider à s'occuper du chien, en lui donnant sa nourriture et en participant à ses promenades.

Chiens réactifs

Si vous avez adopté un chien dans un refuge, c'est le devoir le plus important du refuge de s'assurer que le chien n'est pas réactif avec les enfants avant de le placer dans un foyer familial. Parfois, un chien de refuge aura eu une mauvaise expérience préalable avec des enfants qui l'ont traité sans respect, ce qui peut avoir conduit le chien à devenir réactif. Il est hautement irresponsable de placer un chien réactif avec les enfants dans un foyer familial, car la sécurité est bien plus importante que la réhabilitation, et aucun enfant ne devrait être mis en danger. Par conséquent, un chien réactif avec les enfants devrait être retourné au refuge pour être placé dans un foyer plus adapté.

Il est plus courant que le Staffordshire Bull Terrier soit réactif avec d'autres chiens. À moins qu'un Staffie n'ait été élevé autour d'autres chiens grâce à une socialisation intentionnelle, ou dans un foyer avec plusieurs chiens, il aura tendance à se considérer comme humain et sera réticent à partager l'attention de son maître avec tout autre chien présomptueux empiétant sur son espace. Il peut également sentir qu'il doit protéger son maître d'une attaque.

De nombreux Staffies se retrouvent dans des refuges en raison de tels problèmes comportementaux qui ont surgi par manque d'éducation précoce. Donc, si vous avez acheté un chiot issu de lignées bien étudiées, et que vous le socialisez quotidiennement avec d'autres chiens, il est très peu probable que vous vous retrouviez avec un chien réactif. Cependant, si vous avez pris en charge un Staffie de refuge qui a eu un mauvais départ, vous pourriez vous retrouver à gérer de l'agressivité envers d'autres chiens. Il convient de noter que les chiens mâles sont généralement plus réactifs avec d'autres chiens mâles qu'avec des femelles.

Plutôt que d'éviter toute interaction avec d'autres chiens, ce qui est non seulement restrictif, mais ne résoudra jamais les problèmes de votre chien, la clé pour réhabiliter un chien réactif est l'habituation progressive. Cela signifie une exposition contrôlée au déclencheur jusqu'à ce que le chien ne le perçoive plus comme une menace.

Comme pour tout dressage, cela devrait commencer dans un environnement contrôlé avec l'aide d'un ami possédant un chien non réactif. Cependant, bien que vous ayez besoin de contrôler votre chien, vous ne devriez pas le retenir avec une laisse courte car la tension lui causera de l'inconfort. Vous devez plutôt créer une atmosphère calme pour qu'il se sente détendu, donc vous avez besoin d'un harnais et d'une longe (d'environ 5 mètres de long, enroulée autour de votre bras). Emmenez votre chien dans un espace ouvert avec une longe détendue, mais gardez son attention en étant amusant, tout en l'encourageant à renifler et explorer. Lorsque votre ami s'approche avec son chien, ne guidez pas votre chien vers l'autre chien, mais gardez son mouvement naturel et permettez-lui d'aller où il le souhaite.

Il arrivera un moment où votre chien remarquera l'autre chien et pourrait se raidir ou tendre la longe. À ce moment-là, vous pouvez utiliser une distraction positive en lui donnant à la main beaucoup de petites friandises savoureuses, ou en les dispersant sur le sol pour que votre chien les renifle plutôt que de stresser à propos de l'autre chien. Ou si votre chien préfère un jouet aux friandises, vous pouvez l'utiliser pour le distraire. Assurez-vous d'avoir détourné l'attention de votre chien sur vous plutôt que sur la « menace ». Si nécessaire, vous pouvez vous placer entre votre chien et l'autre chien et utiliser la commande « Regarde-moi », en le récompensant pour une réponse correcte.

Vous ne devriez récompenser votre chien qu'en présence du déclencheur, afin qu'il commence à associer ce qu'il percevait comme quelque chose de négatif à quelque chose de positif, puisque cela produit des friandises ou un jouet. Le dressage au clicker est très utile pour renforcer les choix corrects dans l'esprit de votre chien.

Il est important de comprendre que les résultats ne se produiront pas du jour au lendemain, et ce n'est que par la répétition régulière que vous

Crédit photo :
Helen Nolan

reprogrammerez l'esprit de votre chien. Au fur et à mesure que vous progressez, vous pouvez augmenter le niveau de défi en allant dans des lieux plus publics avec plus de chiens inconnus. Mais si votre chien est imprévisible, il devrait toujours porter une muselière dans les lieux publics pour s'assurer qu'aucun autre chien ne soit blessé.

Quand la socialisation tourne mal

Malheureusement, parfois pendant le processus de socialisation, les choses peuvent mal tourner. Cela se produit généralement lorsqu'un chien inconnu s'approche trop près, provoquant une réaction. Il est normal que les chiens soient sans laisse, profitant d'un exercice libre dans les espaces publics, et il est également normal que les chiens courent vers d'autres chiens pour les saluer. Habituellement, un peu de langage canin se produit à ce moment-là, avec des reniflements aux deux extrémités, des remuements de queue, et peut-être un jeu de poursuite. Mais parfois, l'un des chiens se sent menacé. Ils vont généralement raidir leur corps et retrousser leurs lèvres. Ils peuvent grogner, et l'autre chien sait instinctivement qu'il doit reculer. Une confrontation a été évitée. Gardez à l'esprit, cependant, qu'un chiot ne sait pas encore lire les signes et peut être extrêmement agaçant pour un chien adulte, alors surveillez toujours attentivement les introductions avec un chiot. De plus, parfois un chien peut mordre sans avertissement préalable, lançant même une attaque complète. Si votre Staffie est la victime, cela peut considérablement freiner sa socialisation.

Il y a certaines choses que vous pouvez faire pour éviter que cette situation ne se produise en premier lieu. Lorsque vous promenez votre chien, vous devriez toujours rester vigilant quant à la présence d'autres chiens, afin qu'ils ne semblent pas apparaître de nulle part, surprenant votre chien. Vous devriez également noter leur langage corporel lorsque vous les voyez approcher, et changer calmement de direction avec votre chien si vous voyez des signes d'alerte réactifs chez l'un ou l'autre des chiens. Gardez un jouet ou une balle à portée de main, ou quelques friandises d'entraînement, pour détourner l'attention de votre chien.

Si votre chien est en laisse, sachez qu'il peut se sentir plus menacé par l'approche d'un chien inconnu parce qu'il ne peut pas s'échapper. Il en va de même pour l'autre chien si c'est le vôtre qui est libre et que l'autre est en laisse. Les introductions non contrôlées ne devraient pas avoir lieu dans cette situation inégale.

Si votre chien et l'autre chien sont tous deux en laisse, il est utile de se rappeler la règle des trois secondes. Si les deux chiens se retrouvent face à face, se raidissent et se fixent pendant trois secondes, il est temps d'éloigner rapidement votre chien avant que la situation ne tourne mal.

Si votre chien a été attaqué, vous devrez probablement revenir aux bases de la socialisation. Invitez quelques compagnons de jeu calmes pour une expérience positive, puis organisez des promenades tranquilles avec des chiens que votre chien connaît. Reconstruisez sa confiance lentement, mais n'évitez pas les autres chiens, car cela créerait un problème durable.

Si votre chien a été l'agresseur, c'est un signal d'alarme indiquant que vous allez trop vite avec son dressage. Aussi, qu'il doit être muselé. Le simple fait de museler un chien aidera à garantir que les autres propriétaires de chiens n'autorisent pas une approche libre de leur chien, ce qui peut non seulement prévenir la confrontation, mais garantira qu'aucune blessure ne se produise si elle a lieu. Les chiens qui continuent à être réactifs peuvent porter un gilet jaune, un harnais ou un bandana avec le message « J'ai besoin d'espace » ou « Chien réactif » pour encourager la coopération des autres propriétaires de chiens.

La plupart des Staffies grandiront pour interagir très positivement, tant avec les personnes qu'avec les autres chiens, et il n'y a rien de plus réjouissant que la vue d'un énorme sourire de Staffie lorsque votre chien s'amuse dans le parc. Cependant, la confiance sociale doit être construite dès le plus jeune âge et ne devrait jamais être laissée au hasard. Mais si vous avez adopté un chien âgé craintif, il y aura généralement des stratégies que vous pourrez mettre en place pour l'aider à construire sa confiance et à surmonter les problèmes de réactivité. Aider un chien traumatisé à profiter à nouveau de la vie est l'un des plus beaux cadeaux que vous puissiez offrir à un Staffordshire Bull Terrier.

CHAPITRE 8
Voyager

Préparatifs pour le voyage

Certains chiens adorent voyager, tandis que d'autres trouvent tout le processus très stressant, ce qui peut rendre leurs maîtres anxieux et dépassés. La catégorie dans laquelle se trouvera votre chien ne dépend généralement pas de sa race, mais plutôt de sa personnalité. Ainsi, vous pourriez avoir un Staffie qui voyage parfaitement bien, ou un qui devient nerveux. Bien se préparer pour le voyage garantira que tout le trajet se déroule aussi harmonieusement que possible, quel que soit l'état d'esprit de votre chien.

La première étape avant d'entreprendre un long voyage est de vérifier auprès de votre vétérinaire que votre chien est apte à voyager. Votre vétérinaire pourra faire un examen clinique complet de votre Staffie pour rechercher toute raison qui l'empêcherait de voyager, comme des maladies affectant le système respiratoire. Il pourra également vous donner des conseils de voyage si votre Staffie souffre de certains problèmes de santé. Par exemple, si votre chien est atteint d'arthrite, dont nous parlons plus en détail au chapitre 14, il aura peut-être besoin d'arrêts plus fréquents pour maintenir sa mobilité et éviter qu'il ne s'ankylose.

Lors du rendez-vous chez le vétérinaire, vous pouvez également vous assurer que la puce électronique de votre Staffie fonctionne, ou en faire implanter une si ce n'est pas le cas. Une puce électronique est un petit morceau de métal de la taille d'un grain de riz, inséré entre les omoplates. Elle contient un numéro unique lorsqu'elle est scannée, qui est lié à toutes vos coordonnées chez l'entreprise de puces électroniques. Ainsi, si votre chien s'enfuit ou se perd, il peut facilement vous être rendu. Cela ne fonctionne évidemment que si vos coordonnées sont tenues à jour auprès de l'entreprise de puces électroniques, donc si vous déménagez ou changez de numéro de portable, assurez-vous de les contacter pour modifier ces informations.

Enfin, pendant que vous êtes chez le vétérinaire, c'est une bonne occasion de récupérer tous les médicaments chroniques qui pourraient être nécessaires pendant votre absence, ainsi qu'un traitement antiparasitaire

Crédit photo :
Helena Lehtis

contre les puces et les vers, pour vous assurer que cette protection ne s'interrompe pas pendant cette période. S'il doit bientôt recevoir un vaccin, celui-ci peut également être administré pour garantir que son immunité soit à jour, sujet dont nous parlons davantage au chapitre 12.

Avant de quitter le cabinet vétérinaire, vérifiez que vous avez toutes leurs coordonnées sur votre téléphone portable, car si votre Staffie a une urgence pendant que vous voyagez, le vétérinaire consulté voudra probablement contacter votre vétérinaire habituel pour obtenir son historique clinique complet. Il est également utile de faire des recherches sur les vétérinaires dans la région où vous vous rendez et d'enregistrer leurs coordonnées. De cette façon, vous ne perdrez pas de temps à chercher les coordonnées d'un vétérinaire à proximité en cas d'urgence.

Avant de partir en voyage, prenez le temps de vérifier que vous avez tous les accessoires dont vous aurez besoin à portée de main. Votre chien doit porter un collier avec une médaille d'identification indiquant votre numéro de portable actuel et votre adresse. Certaines personnes choisissent également d'inscrire le nom de leur chien sur la médaille, mais ce n'est pas

Crédit photo :
Emma Ceely

nécessaire et pourrait même poser problème si votre Staffie est volé, car le voleur connaîtrait alors le nom de votre chien pour le faire obéir.

Voyager en voiture

S'habituer à la voiture peut être un processus long pour certains chiens, tandis que d'autres s'y adapteront dès le premier trajet. Il est préférable, cependant, que le premier voyage de votre Staffie ne soit pas trop long. Commencez par lui permettre de s'habituer à être dans la voiture à son propre rythme. Vous pouvez par exemple l'autoriser à y monter et lui donner une friandise ou un jouet à l'intérieur, afin qu'il commence à associer cet espace à quelque chose d'agréable.

Un premier trajet court avec votre Staffie vous permettra de voir s'il est anxieux ou s'il a des nausées. Certains chiens souffrent du mal des transports en voiture, ce qui leur procure une expérience négative. Ils peuvent baver ou même vomir, mais la bonne nouvelle est que votre vétérinaire peut vous fournir des comprimés anti-nausée à donner avant un voyage, pour garantir que tout se passe le mieux possible.

Une fois que votre Staffie est à l'aise avec la voiture, vous pouvez entreprendre un voyage plus long. La première chose à considérer est l'endroit où vous allez l'installer dans la voiture. Il existe plusieurs options. Le coffre est un choix populaire, car votre Staffie n'occupe pas d'espace où les humains pourraient avoir besoin de s'asseoir. Si vous le placez dans le coffre, il est préférable d'acheter une grille de séparation qui s'adaptera derrière les sièges pour l'empêcher de sauter vers l'avant de la voiture.

Une autre option, surtout si votre chien est destructeur, est d'utiliser une cage de transport, soit dans le coffre, soit solidement fixée sur les sièges. Vous aurez besoin d'une cage assez grande pour votre Staffie, car elle doit être suffisamment spacieuse pour qu'il puisse se tenir debout, s'étirer et s'allonger sans toucher les côtés. Elle doit avoir une ventilation adéquate pour permettre une circulation d'air suffisante, afin que votre chien n'ait pas trop chaud, et il est préférable qu'elle soit faite d'un matériau solide ou de métal, pour que votre chien ne puisse pas s'en échapper facilement.

Vous n'êtes pas obligé d'utiliser la cage uniquement dans la voiture. Comme mentionné précédemment, vous pourriez la trouver utile à la maison pour y mettre votre Staffie lorsque vous partez ou pendant la nuit, afin de l'empêcher de mâcher des objets ou de causer des problèmes dans la maison. Si votre Staffie est habitué à la cage depuis son plus jeune âge, il ne

Crédit photo :
Charlene Plevyak

la verra pas comme une punition, mais plutôt comme son sanctuaire et son espace de confort.

Enfin, la dernière option pour transporter votre chien est de le placer sur un siège arrière. Cette configuration ne convient qu'aux chiens qui ne sont pas destructeurs ou très actifs. C'est une méthode de transport sûre si vous l'équipez d'un harnais avec une attache pour ceinture de sécurité. De cette façon, non seulement il sera en sécurité en cas d'accident, mais il ne pourra pas non plus sauter par-dessus les sièges pour vous rejoindre à l'avant, ce qui pourrait potentiellement provoquer un accident. Cependant, si vous décidez que c'est ainsi que vous souhaitez que votre chien voyage, vous pourriez envisager soit de couvrir vos sièges, soit d'acheter un lit pour chien à mettre sur le siège arrière, car les sièges se saliront facilement pour les futurs passagers de votre voiture.

Lorsque vous voyagez sur une longue distance, assurez-vous d'avoir tous les accessoires nécessaires à portée de main. Avoir de la nourriture pour chien, de l'eau et une laisse, le tout facilement accessible, facilitera votre voyage. Il est recommandé de s'arrêter pour donner à manger à votre chien toutes les 12 heures, et de l'eau toutes les 4 heures, lors d'un voyage. Si vous voyagez par temps chaud et que votre voiture n'est pas climatisée, des arrêts plus fréquents peuvent être nécessaires. Votre chien appréciera également des pauses toutes les quelques heures pour se dégourdir les pattes et faire ses besoins si nécessaire.

Voyager en avion

Si vous voyagez à l'étranger et souhaitez emmener votre Staffordshire Bull Terrier avec vous, il est important de vérifier d'abord si la compagnie aérienne l'acceptera. Certaines compagnies aériennes ont placé le Staffordshire Bull Terrier sur la liste des races soumises à restriction, il est donc préférable de contacter la compagnie avant de réserver vos billets, juste pour vous en assurer.

Si le Staffie ne figure pas sur la liste des races soumises à restriction, et que votre chien a plus de 12 semaines, alors vous êtes prêt à partir. Chaque compagnie aérienne a des exigences différentes pour voyager avec des chiens, alors assurez-vous de bien vous renseigner au préalable. Certaines compagnies aériennes autorisent les petits chiens à voyager en cabine ; cependant, un petit Staffie sera probablement à la limite en termes de taille, il est donc préférable de supposer qu'il voyagera en soute.

En soute, votre Staffie devra voyager dans une cage homologuée pour le transport aérien. Les directives concernant les cages sont facilement disponibles auprès de toute compagnie aérienne qui accepte les chiens. La cage sera placée dans une partie pressurisée et à température contrôlée de l'avion.

Lorsque vous présentez votre chien à l'aéroport, la plupart des compagnies aériennes exigeront également que vous fournissiez un certificat de santé de votre vétérinaire, des documents d'exportation, des registres de vaccination et un passeport. C'est votre responsabilité de mettre tout cela en ordre, et non celle de la compagnie aérienne ou de l'agent de voyage.

Si la température est inférieure à 7 degrés Celsius ou supérieure à 29 degrés Celsius lors du départ, de l'arrivée et pendant les correspondances, votre chien pourrait se voir refuser le voyage, à moins que votre vétérinaire n'ait fourni une lettre précisant que votre chien est habitué à ces conditions. Par conséquent, voyager à une période de l'année où les conditions météorologiques sont favorables est une bonne idée.

Hébergement en vacances

Crédit photo : Tammy Duffy

Une fois arrivé à votre destination de vacances, il est prudent de se rappeler que tout le monde dans l'hébergement n'aime pas forcément les chiens. Gardez toujours à l'esprit que vous devriez laisser l'hébergement tel que vous l'avez trouvé, et essayez d'empêcher votre Staffie de perturber les vacances des autres personnes.

Si votre chien aime aboyer ou mâche les meubles, il est préférable de ne pas le laisser seul dans l'hébergement. L'anxiété de séparation peut être accentuée dans des circonstances inhabituelles. Cependant, si vous avez habitué votre Staffie à la cage, c'est une excellente occasion de la lui proposer. Une cage lui fournira un espace familier et l'aidera à se sentir en sécurité et comme à la maison.

Lorsque vous sortez avec votre Staffie, assurez-vous toujours de ramasser ses déjections. Certaines zones d'un lieu de vacances peuvent ne pas autoriser les chiens, même si vous êtes autorisé à le garder dans l'hébergement, et il est donc utile de demander à la réception à votre arrivée où vous pouvez l'emmener se promener et faire ses besoins.

Laisser votre chien à la maison

Pour certains chiens, voyager peut être extrêmement stressant, et il est dans leur intérêt comme dans le vôtre de les laisser à la maison. Si vous choisissez cette option, il existe plusieurs endroits différents où vous pouvez vous assurer que votre chien reçoit des soins appropriés pendant votre absence.

La première option, celle que beaucoup de personnes choisiront, est de le placer dans une pension canine. Il existe de nombreux standards différents de pensions canines, des chenils basiques aux hôtels canins 5 étoiles, en passant par les pensions spécifiques à certaines races. Visiter quelques établissements avant de réserver vous permettra de choisir celui qui répond aux besoins de votre chien. Lorsque votre chien séjourne dans une pension, il aura probablement un enclos qui est en partie intérieur et en partie extérieur. Cela lui permet d'avoir un espace pour courir et faire ses besoins, et un autre espace pour manger et dormir. Quelques fois par jour, le personnel lui fera faire de l'exercice. Cela peut consister à le laisser sortir dans une aire de jeu commune avec d'autres chiens et à le surveiller, ou à l'emmener faire une longue promenade. Si vous avez un Staffie de refuge, il est probable que votre chien aura une réaction forte dans un sens ou dans l'autre envers les pensions ; il peut être terrifié à l'idée de séjourner en pension car cela lui rappelle les jours où il a été abandonné, ou il se peut qu'il soit tellement habitué à être en chenil qu'il est très détendu d'être hébergé de cette manière.

Si vous souhaitez une prise en charge plus personnalisée pour votre chien pendant votre absence, mais que vous avez un budget limité, l'option suivante serait de demander à un ami, un membre de la famille ou l'éleveur d'origine de votre Staffie de le garder. Cela peut être chez vous ou chez eux. L'avantage de cette option est que vous connaissez la personne qui s'en occupe, tout comme votre chien. Si le gardien a son propre chien, cela peut offrir une excellente occasion à votre chien de jouer et de se défouler pendant votre absence, mais assurez-vous que les chiens se connaissent avant de déposer votre Staffie, car l'autre chien pourrait être moins enthousiaste à l'idée d'avoir un autre chien sur son territoire.

La dernière option, qui est la plus coûteuse, est d'engager un gardien de maison et de chien dédié. Ce sont généralement des professionnels qui

Crédit photo :
Jackie Morgan

viennent vivre dans votre maison pendant votre absence. C'est une excellente option pour votre chien, car son environnement et sa routine restent les mêmes. De plus, cela assure la sécurité de votre maison, et vous pouvez être certain que tout sera pris en charge. Le seul facteur inconnu pour votre chien est le gardien, et il est donc important d'organiser une rencontre préalable, idéalement sur un terrain neutre, comme une promenade dans le parc.

Que vous choisissiez d'emmener votre chien lors de vos voyages ou de le laisser derrière vous, il y a beaucoup de choses à considérer lors des préparatifs, mais en faisant cela, vous pouvez vous assurer de profiter pleinement de vos voyages et de vos vacances.

CHAPITRE 9
Nutrition

« Les races de type bull peuvent généralement avoir un système immunitaire fragile. J'aime renforcer leur système immunitaire avec des compléments alimentaires, des probiotiques et une alimentation de très bonne qualité. Les Staffs peuvent en réalité manger de tout si l'on garde cela à l'esprit. »

Teri Keetch
Dyna Staffs

L'importance de la nutrition

Il peut être très déconcertant d'arriver dans une animalerie et de voir tant de marques sur les étagères. Essayer de déterminer quelle nourriture donner à votre Staffie peut s'avérer un véritable défi. Après tout, l'alimentation influence un grand nombre d'aspects de la santé de votre chien. La nourriture peut améliorer l'état du pelage, de la peau, des dents et des articulations, mais elle peut également entraîner des problèmes urinaires, une croissance insuffisante ou aggraver des conditions sous-jacentes.

Il ne suffit pas de regarder l'emballage pour décider quelle est la meilleure nourriture pour votre Staffie. Ce qui pourrait convenir à votre chien pourrait ne pas fonctionner pour un autre. Par conséquent, se fier uniquement aux recommandations n'est pas fiable. Néanmoins, d'autres propriétaires, éleveurs et même vétérinaires ont souvent des opinions bien arrêtées sur certaines marques d'aliments, et bien que leurs connaissances puissent être précieuses, vous devriez considérer l'ensemble des facteurs lorsque vous choisissez de la nourriture pour votre Staffie.

Alimentation industrielle

L'alimentation industrielle est celle que vous trouverez dans les animaleries, les cabinets vétérinaires et les supermarchés. Il existe une grande variété de qualité, allant des aliments qui feront plus de mal que de bien jusqu'aux aliments de très bonne qualité et enrichis. Rappelez-vous cependant que même si un aliment convient à un chien, cela ne signifie pas qu'il conviendra à un autre. Il y a donc de nombreux éléments à prendre en compte lorsque vous choisissez un aliment en magasin pour votre Staffie.

Sec ou humide

Généralement, les aliments industriels peuvent être achetés sous forme d'aliments secs en paquets ou d'aliments humides en conserves, sachets ou barquettes. Il n'y a pas de choix bon ou mauvais quand il s'agit de nourrir votre chien avec des aliments humides ou secs, et beaucoup de personnes donnent un mélange des deux à leurs chiens. Cependant, il y a des avantages et des inconvénients pour les deux.

Les aliments secs sont plus concentrés que les aliments humides, vous n'aurez donc pas à donner autant de grammes d'aliments secs que d'aliments humides pour vous assurer que votre Staffie reçoit tous les nutriments dont il a besoin. Comme les aliments secs sont plus concentrés que les aliments humides, ils peuvent gonfler au contact de l'acide gastrique. Avant de le donner à votre chien, vous devriez tester son niveau de gonflement en ajoutant une tasse d'eau à une tasse d'aliments secs et en laissant reposer pendant une demi-heure. Moins il gonfle, mieux c'est pour votre chien, car le gonflement peut provoquer une sensation de satiété et de ballonnement.

Les croquettes d'aliments secs peuvent être de différentes tailles. La règle générale est que vous devriez acheter les plus grosses croquettes que votre chien acceptera volontiers. C'est parce que si les croquettes sont grandes, votre chien doit les croquer avant de les avaler. Par conséquent, les dents bénéficient d'une source régulière d'abrasion, ce qui réduit la quantité de tartre et conduit à des dents plus saines. Ce sujet est abordé plus en détail dans le chapitre 10.

Les aliments humides, en revanche, ne fournissent pas d'abrasion sur les dents, de sorte que votre Staffie est beaucoup plus susceptible de développer des maladies dentaires au cours de sa vie. Néanmoins, les aliments humides ont leur place dans l'alimentation d'un chien. Les aliments humides sont généralement plus appétissants que les aliments secs, donc si votre Staffie est difficile, il est probable qu'il mangera plus d'aliments humides que d'aliments secs. Les aliments humides sont également beaucoup plus faciles à manger, donc les chiots ou les chiens âgés souffrant d'arthrite aux mâchoires pourront plus facilement consommer des aliments humides.

Alimentation pour chiots

Si vous avez acheté ou adopté un Staffie qui n'a pas encore atteint sa taille adulte, il devrait être nourri avec un aliment pour chiot ou junior. Ces variétés d'aliments sont essentielles pour fournir les nutriments nécessaires à la croissance continue, au développement osseux et aux niveaux d'énergie. Ils sont plus riches en protéines, en calcium et en phosphore que les aliments pour adultes. La plupart des régimes industriels courants proposent des variantes pour chiots ou juniors de leurs aliments.

Normes de qualité de l'alimentation canine

En choisissant une alimentation industrielle de qualité, vous avez la garantie d'offrir à votre Staffie une nourriture répondant à des normes strictes,

Crédit photo :
Michelle Daniels

fixées au niveau européen. Ces exigences réglementaires assurent que les aliments pour chiens sont correctement équilibrés selon leur stade de vie (chiot, adulte, senior) et qu'ils ne présentent pas de danger pour leur santé.

En Europe, ces normes sont définies par la Commission européenne et reposent sur les évaluations scientifiques de l'EFSA (Autorité européenne de sécurité des aliments). Toute nourriture pour animaux commercialisée en France doit y être conforme avant d'être mise en vente.

Ces réglementations européennes garantissent notamment :

- **L'équilibre nutritionnel** adapté à chaque étape de la vie du chien
- **La sécurité alimentaire** avec des contrôles stricts sur les matières premières
- **La traçabilité** des ingrédients utilisés
- **L'étiquetage transparent** permettant aux propriétaires de faire des choix éclairés
- **L'absence de substances interdites** ou dangereuses pour la santé canine

Lorsque vous achetez une alimentation industrielle en France, recherchez les mentions obligatoires sur l'emballage qui attestent de la conformité aux normes européennes, ainsi que les labels de qualité français ou européens qui peuvent apporter des garanties supplémentaires sur la provenance et la qualité des ingrédients.

Régimes BARF et faits maison

On a récemment observé un changement d'attitude du grand public concernant la façon dont nos chiens sont nourris. Les gens sont plus soucieux de leur santé et se préoccupent de l'environnement. Ils veulent s'assurer qu'il n'y a pas d'organismes génétiquement modifiés ou de conservateurs dans la nourriture de leur chien. Et ils souhaitent souvent que la nourriture soit d'origine locale, naturelle et biologique. Il est difficile de répondre à tous ces critères avec des aliments industriels pour chiens, il n'est donc pas surprenant que de plus en plus de personnes se tournent maintenant vers la préparation de nourriture faite maison pour leurs chiens.

Malheureusement, les régimes faits maison, qu'il s'agisse d'un régime cuit ou d'os et d'aliments crus (BARF), ne sont pas aussi sains qu'ils le paraissent initialement. Beaucoup de gens affirment que leurs chiens ont une

Crédit photo :
Melissa Rooney and Kevin Sharpe

meilleure santé du pelage, de la peau, des dents et une meilleure énergie générale, mais cela ne va certainement pas sans risques.

De nombreuses études sur les aliments crus ont maintenant démontré le nombre élevé d'agents pathogènes dangereux qui peuvent être transmis au chien et au propriétaire à partir de ces régimes. Ces agents pathogènes comprennent des bactéries telles que Salmonella, E.coli et Campylobacter. Non seulement ils restent dans la salive du chien, mais ils sont également toujours présents dans les excréments et se transfèrent sur le pelage lorsque le chien se toilette. Cela signifie qu'ils peuvent être facilement transmis aux personnes. Les personnes les plus vulnérables, comme les enfants et les personnes âgées, sont particulièrement à risque. Dans ces tranches d'âge, les infections par ces agents pathogènes peuvent être mortelles. Les chiens peuvent également contracter ces infections, mais en général, leur système digestif est plus robuste que celui des humains.

Il existe d'autres risques liés aux régimes BARF qui contiennent des os entiers. Les os peuvent présenter des risques d'étouffement, d'endommagement des dents, de perforations internes et d'obstructions internes. La plupart des défenseurs de l'alimentation crue affirmeront que seuls des os crus sont proposés, qui sont plus flexibles et se digèrent mieux que les os cuits, mais quoi qu'il en soit, il existe toujours un certain risque.

La principale préoccupation des vétérinaires concernant les régimes BARF et faits maison est le manque d'équilibre approprié des régimes. Dans une étude portant sur 95 régimes d'aliments crus, 60 % présentaient un déséquilibre nutritionnel majeur. La majorité des personnes qui nourrissent leurs animaux avec des régimes faits maison n'auront pas consulté un nutritionniste vétérinaire expert, mais auront plutôt élaboré le régime de leur chien grâce à des recherches personnelles ou aux conseils d'éleveurs ou d'amis qui nourrissent également leurs chiens avec des régimes faits maison. En conséquence, le régime n'est pas correctement équilibré, et il y a des niveaux excessifs de calcium et de phosphore ou des niveaux incorrects d'autres nutriments. Cela peut avoir de graves conséquences pour les chiens recevant ces régimes, et ils peuvent développer des conditions telles que le rachitisme, des calculs vésicaux et une croissance retardée, en particulier s'ils n'ont pas encore atteint leur taille adulte.

Cependant, si vous souhaitez toujours nourrir votre Staffie avec un régime alternatif aux aliments industriels classiques, plusieurs fabricants d'aliments pour animaux proposent désormais des repas cuisinés maison ou des viandes crues surgelées, qui peuvent être achetés. Ces repas, qui ont été préparés par un fabricant, surtout s'ils contiennent des aliments crus, auront généralement été équilibrés avec des minéraux et des vitamines supplémentaires, ainsi que testés pour les toxines et les microbes.

Étiquettes des aliments pour animaux

Donc, une fois que vous avez décidé que vous voulez nourrir votre chien avec un régime industriel, qu'il soit humide ou sec, vous devriez regarder l'étiquette sur l'emballage. Beaucoup d'informations peuvent être déchiffrées à partir de l'étiquette si vous savez où regarder. Toutes les étiquettes d'aliments pour animaux doivent contenir une liste d'ingrédients, qui est généralement classée par ordre de poids, et une analyse garantie, qui détaille la teneur en protéines, en fibres, en humidité et en matières grasses de l'aliment.

Analyse garantie

L'analyse garantie, qui détaille la quantité de protéines, de fibres, d'humidité et de matières grasses de l'aliment, ne peut pas être comparée directement entre les aliments humides et secs. Par conséquent, vous devrez d'abord faire quelques calculs pour comprendre les niveaux réels de ces nutriments dans l'aliment. Cela vous fournira ensuite des chiffres qui vous permettront de comparer directement différents aliments.

Les pourcentages du nutriment qui vous intéresse doivent être divisés par le pourcentage d'aliment qui est sec afin qu'ils puissent être comparés. Par exemple :

Un aliment humide avec une teneur en humidité de 75 % sera donc sec à 25 %. Si la teneur en protéines est de 5 %, le calcul sera 5/0,25 = 20 % de protéines sur une base de matière sèche.

Un aliment sec avec une teneur en humidité de 10 % sera donc sec à 90 %. Si la teneur en protéines est de 20 %, le calcul sera 20/0,9 = 22,2 % de protéines sur une base de matière sèche.

Une fois que la base de matière sèche a été calculée, l'analyse garantie est une excellente source d'information. En général, une teneur en protéines plus élevée est un bon signe, car cela suggère que l'aliment n'est pas gonflé avec des glucides. Les cendres et les fibres sont généralement autour de 3-4 % et les matières grasses ne devraient pas dépasser 15 % une fois que l'aliment a été ajusté pour prendre en considération la teneur en humidité.

Ingrédients

Il peut y avoir de nombreux ingrédients différents qui composent la nourriture pour chiens, et tant que votre Staffie n'a pas d'allergies, peu importe que vous choisissiez de le nourrir avec du poulet, du bœuf, du saumon, etc.

La liste des ingrédients sera par ordre de poids. Une nourriture pour chien devrait toujours avoir une source de protéines animales comme premier ingrédient. De cette façon, vous savez que vous ne nourrirez pas votre Staffie avec des charges de glucides, qu'il ne mangerait pas naturellement à l'état sauvage.

Lorsque vous examinez les ingrédients protéiques, il peut y avoir trois types différents : viande, sous-produits de viande (comme les abats et les cuisses de poulet) ou « farines ». Les « farines », qui sont des viandes moulues déshydratées, contiennent près de 300 % de protéines en plus par gramme par rapport à la viande fraîche dont elles sont dérivées, et comme elles sont légères en poids, elles seront plus bas dans la liste des ingrédients que si le fabricant avait utilisé la viande non transformée.

Il peut y avoir une grande variété de viandes utilisées dans la nourriture pour chiens, comme le bœuf, le poulet, la dinde, le cerf, le saumon, l'agneau ou le thon, pour n'en nommer que quelques-unes. Cependant, ce n'est pas parce qu'un aliment est étiqueté comme ayant une certaine saveur qu'il ne contient que cette viande. Un aliment pour chien à saveur de poulet peut contenir une petite quantité de bœuf et être quand même appelé poulet.

Si votre Staffie a des allergies, il est possible que la nourriture en soit la cause. Les ingrédients des aliments qui déclenchent généralement des allergies sont les protéines de viande. Les allergènes courants sont les viandes communes, comme le poulet ou le bœuf, et donc passer à une nouvelle source de protéines, comme le cerf, le canard, la dinde ou le thon, soulagera souvent certains des symptômes.

Les protéines de poisson en particulier sont d'excellentes sources d'acides gras oméga-3 et oméga-6. Ceux-ci sont utiles pour assurer la santé du pelage, de la peau, du cerveau et des articulations. Dans un rapport de 1:3 d'oméga-3 à oméga-6, ils peuvent également avoir des effets anti-inflammatoires qui aideront à réduire l'inconfort associé à la peau enflammée allergique et aux articulations arthritiques.

À côté des ingrédients carnés, il y a généralement aussi des ingrédients glucidiques et végétaux. Les ingrédients glucidiques sont fréquemment à base de céréales, comme l'orge, la farine d'avoine, le riz brun, le riz blanc ou le maïs. Les céréales complètes en particulier sont des ingrédients complexes de haute qualité, qui fournissent des fibres, de la vitamine B, de l'énergie et beaucoup de minéraux. La plupart des chiens n'ont aucun problème avec les céréales ; cependant, de manière anecdotique, il a été reconnu qu'elles exacerbent les allergies et provoquent des démangeaisons cutanées. Donc, si vous avez la malchance d'avoir un Staffie qui souffre d'allergies cutanées, qui sont discutées plus en détail dans le chapitre 13, vous pourriez envisager de lui donner un régime sans céréales.

Si le régime est sans céréales, des légumes féculents sont couramment utilisés comme ingrédients pour constituer les glucides. Ceux-ci comprennent les pommes de terre, les patates douces et la citrouille. Ceux-ci maintiennent le système immunitaire en bonne santé avec beaucoup de vitamines B et C, et la citrouille en particulier est très bonne pour le système digestif car elle est remplie de fibres.

D'autres ingrédients courants comprennent les carottes et les pois. Les carottes sont riches en vitamine A, qui est bonne pour la santé de la peau, du pelage, des yeux et pour le fonctionnement des nerfs et des muscles, et elles ajoutent des glucides sans ajouter plus de céréales. Les pois sont riches en fibres, ce qui aide à la digestion, maintient les intestins confortables et aide à maintenir une consistance normale des selles grâce au contrôle de l'équilibre hydrique. Ils sont également riches en protéines pour un légume, à plus de 25 %, ce qui doit être pris en compte lors du calcul de la quantité de protéines provenant de sources de viande.

Surveillance du poids

Surveiller le poids de votre Staffie est extrêmement important, car cela peut avoir un effet majeur sur la santé de votre chien. C'est un spectacle courant de voir un Staffie en surpoids, et il est facile d'en arriver là sans intention. Nourrir votre chien est considéré comme un acte d'amour pour de nombreux propriétaires, donc le petit morceau occasionnel ici et là, bien que bien intentionné, peut provoquer une prise de poids progressive au fil des années si le repas principal de la journée n'est pas ajusté en conséquence.

Le surpoids peut avoir un impact majeur sur le foie en particulier. Le foie est l'organe qui produit la bile, une substance importante pour aider à digérer les graisses. Sans production efficace de bile, il est facile pour les chiens de perdre du poids rapidement. De plus, le foie filtre les toxines du sang et est impliqué dans l'excrétion de la bilirubine, un sous-produit des vieux globules rouges, donc il va sans dire que si le foie ne fonctionne pas correctement, votre Staffie se sentira très mal.

Crédit photo :
Daz Priestley

Le surpoids et la suralimentation chronique peuvent également conduire à d'autres maladies, comme le diabète. Le pancréas est un organe qui produit une hormone appelée insuline. Celle-ci aide à réduire les niveaux de sucre dans le sang en le captant dans les cellules pour être utilisé comme énergie. Sans insuline, les sucres sanguins atteignent un niveau dangereusement élevé, ce qui peut faire que votre Staffie se sente extrêmement malade.

Une autre raison de garder votre Staffie en parfaite condition est de réduire le stress sur ses articulations. Dans le chapitre 13, nous verrons comment les Staffordshire Bull Terriers sont prédisposés à des conditions articulaires telles que la dysplasie de la hanche et du coude, et dans le chapitre 14, vous lirez comment l'arthrite peut se développer plus tard dans la vie. Pour donner à votre Staffie les meilleures chances de garder ses articulations saines et sans douleur, le maintenir mince aidera certainement.

Donc, nous savons pourquoi il est préférable de garder votre Staffie mince, mais quel est le poids idéal pour lui ? En raison de la variété des tailles au sein de la race, il n'y a pas de poids idéal qu'un Staffie devrait avoir. Il est préférable de surveiller son poids en évaluant régulièrement son score de condition corporelle. Il s'agit d'un système de notation de condition de 1 à 9, Une note de 1 signifie émacié et 9 obèse. Un score idéal se situe entre quatre et cinq. La notation est la suivante :

SCC 1 = Extrêmement maigre. Les côtes, les vertèbres lombaires, les os pelviens et les proéminences osseuses sont visibles à distance. Perte majeure de muscles et pas de graisse corporelle évidente.

SCC 3 = Maigre. Côtes facilement palpables et pouvant être juste visibles. Peu de graisse présente. Taille évidente et abdomen nettement relevé. Quelques proéminences osseuses visibles. Sommets des vertèbres lombaires facilement visibles.

SCC 5 = Poids idéal. Côtes facilement palpables avec une couverture de graisse minimale. La taille peut être vue lorsqu'on se tient derrière le chien. Côtes juste visibles lorsqu'on regarde le chien de dessus. Abdomen relevé lorsqu'on le regarde de côté.

SCC 7 = Surpoids. Couverture graisseuse importante sur les côtes et difficile à palper. Dépôts de graisse notables dans la région lombaire du dos et à la base de la queue. Difficulté à voir la taille. Léger relevé abdominal.

SCC 9 = Obèse. Très grands dépôts de graisse sur la base de la queue, la colonne vertébrale et la poitrine. Pas de taille ni de relevé abdominal. Abdomen distendu. Dépôts de graisse autour du cou et des membres.

CHAPITRE 10
Soins dentaires

Ce qui attire beaucoup de personnes vers les Staffordshire Bull Terriers, c'est leur énorme sourire, s'étendant souvent d'une oreille à l'autre. Cela s'accompagne fréquemment d'un halètement excité et de léchouilles sur votre visage. Cependant, la dernière chose que vous souhaitez avec tout cela, c'est une gueule pleine de dents pourries et une mauvaise haleine près de votre visage. C'est l'une des raisons pour lesquelles il est important de maintenir une bonne hygiène bucco-dentaire chez votre chien.

Importance des soins dentaires

Il est trop courant que les propriétaires négligent l'hygiène dentaire de leurs chiens. Cette négligence n'est généralement pas intentionnelle, mais plutôt due à une méconnaissance de ce qui est nécessaire pour maintenir une bouche saine. Après tout, les chiens sauvages n'ont jamais la bouche inspectée ni les dents brossées, et ils parviennent à nettoyer leurs dents relativement efficacement en croquant des os. C'est un argument fréquemment utilisé par les personnes désireuses de nourrir leurs chiens avec une alimentation crue, dont nous avons parlé dans le chapitre précédent.

Malheureusement, la plupart de nos chiens domestiques ne mangent plus d'aliments qui permettent à leurs dents de rester en bon état, et les maladies dentaires sont extrêmement courantes. Certaines races y sont plus prédisposées que d'autres, et heureusement, les Staffies n'en font pas partie. Néanmoins, avec une routine de soins dentaires, vous pouvez éviter à votre Staffie d'avoir mauvaise haleine et des dents abîmées, ce qui peut entraîner des douleurs buccales et des pertes dentaires. Cette routine doit être instaurée dès le plus jeune âge, car sinon le brossage des dents ne sera pas bien toléré.

Anatomie dentaire

La dent est composée de plusieurs parties ; certaines sont visibles, d'autres sont enfouies dans la gencive. La partie principale de la dent au-dessus de la gencive s'appelle la couronne, et celle sous la gencive s'appelle la racine. Selon le type de dent, elle peut avoir une, deux, voire trois racines. La jonction entre la couronne et la racine se situe généralement au niveau de la ligne gingivale. C'est une zone particulièrement importante, car c'est généralement là que le tartre peut s'accumuler en cas de mauvaise hygiène dentaire.

*Crédit photo :
Beth Williams*

À la naissance, un chiot possède très peu de dents. Dans les semaines qui suivent, des dents de lait acérées commencent à apparaître. Un chiot aura finalement 28 dents de lait. Au cours de sa première année de vie, celles-ci tombent et 42 dents définitives les remplacent. Parfois, les dents de lait ne sont pas correctement expulsées par les dents définitives qui poussent, et doivent être retirées par un vétérinaire.

Il existe différents types de dents dans les diverses parties de la bouche, chacune ayant des fonctions différentes. Les incisives sont tout à l'avant. Elles servent à grignoter la chair près de l'os. Ensuite viennent les grandes canines, qui seraient utilisées pendant la chasse pour saisir les proies. Enfin, le long des joues se trouvent les prémolaires et les molaires. Ces deux types de dents sont plus plates et servent à broyer et à écraser les aliments plus durs.

Une dent est composée de plusieurs éléments, dont une grande partie est la dentine, un type d'os. Recouvrant la dentine, une couche d'émail protège la dent de l'environnement extérieur. Au centre de la dent se trouve une partie charnue, connue sous le nom de pulpe. Celle-ci contient de nombreux nerfs et peut être extrêmement douloureuse si elle est endommagée. La racine de la dent est logée dans une alvéole de l'os de la mâchoire ou du crâne, et elle est maintenue en place par un ligament extrêmement solide, appelé le ligament parodontal.

Accumulation de tartre et gingivite

Le tartre, également communément appelé plaque dentaire, se forme lorsque des résidus alimentaires et des bactéries s'accumulent autour de la zone où la couronne, la racine et les gencives se rejoignent. Cela se produit plus fréquemment lorsqu'un chien est nourri uniquement avec une alimentation humide. Les gencives contiennent de nombreux vaisseaux sanguins, et par conséquent, les cellules inflammatoires affluent vers cette zone. C'est une réaction aux bactéries qui sont en contact avec les gencives, mais cela peut causer des douleurs importantes. L'inflammation des gencives est connue sous le nom de gingivite. La gingivite peut progresser vers une maladie parodontale, où le ligament parodontal s'affaiblit à cause de l'inflammation et ne maintient plus les dents en place, entraînant leur perte.

La perte des dents ne se produit pas du jour au lendemain, et donc la dent est généralement branlante pendant une période prolongée avant de finalement tomber. Cela signifie que chaque fois que votre chien mâche quelque chose de dur, cela provoque un inconfort significatif dans cette zone. Pour certains chiens, cela les amène à perdre du poids car ils ne veulent plus manger autant, tandis que d'autres chiens continueront volontiers à manger, malgré l'inconfort et le goût désagréable dans leur bouche.

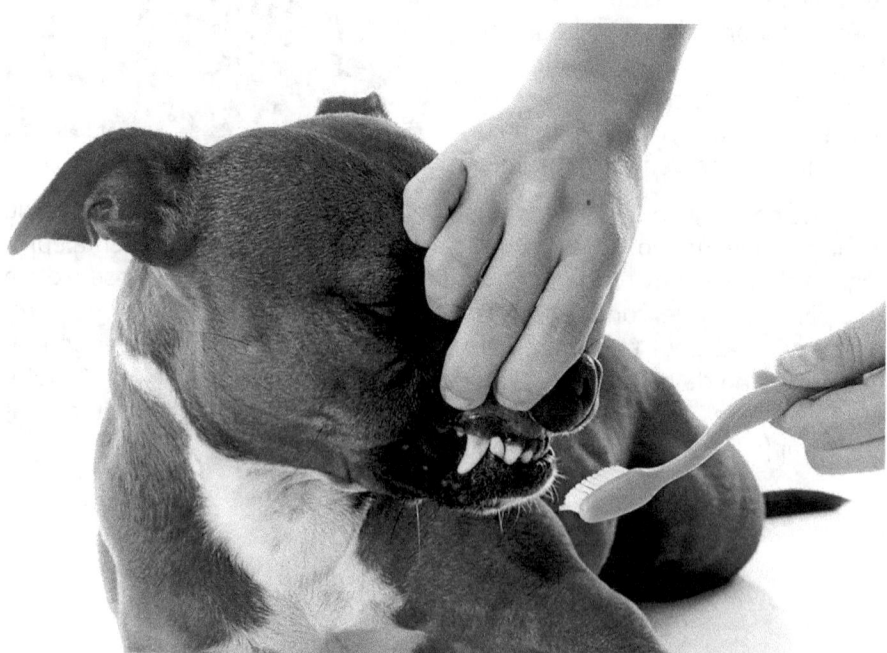

Les Staffies adorent généralement leur nourriture et font partie de cette seconde catégorie.

Pour prévenir la gingivite, vous devez d'abord empêcher l'accumulation
de tartre. Le traitement de l'accumulation de tartre est possible, mais nécessite souvent une procédure dentaire, dont nous parlerons plus en détail
plus loin dans ce chapitre.

Soins dentaires

Prendre soin des dents de votre Staffie est une approche qui doit être
abordée sous plusieurs angles. Il n'existe pas une seule méthode idéale
pour garder les dents de votre chien propres, mais il est préférable d'utiliser
plusieurs méthodes pour maintenir des dents d'un blanc éclatant et une haleine fraîche. Les soins dentaires devraient faire partie d'une routine quotidienne, commencée dès le stade du chiot, car cela empêchera la détérioration de la bouche. Cependant, si vous avez acquis votre Staffie à un âge plus
avancé, peut-être par l'intermédiaire d'un refuge, il n'est jamais trop tard
pour commencer à lui assurer des dents propres. Même si vous ne pourrez
peut-être pas rendre à sa bouche l'aspect qu'elle avait quand il était chiot,
cela empêchera certainement toute accumulation supplémentaire de tartre
et réduira la gingivite.

Brossage des dents

Tous les propriétaires devraient brosser les dents de leur chien chaque
jour. C'est une tâche difficile pour beaucoup de personnes, mais faire un effort bénéficiera grandement à votre Staffie tout au long de sa vie. Le brossage des dents aidera à les garder propres, réduira la quantité de tartre et
gardera l'haleine fraîche. Cela vous permettra également de vérifier régulièrement la bouche et de détecter rapidement tout changement.

Pour brosser la bouche de votre chien, vous aurez besoin d'une brosse
à dents et de dentifrice. Vous pouvez ajouter ces éléments à votre liste
d'achats du Chapitre 3. Vous ne pouvez pas utiliser de dentifrice ordinaire,
car celui-ci peut être hautement toxique pour les chiens, entraînant des niveaux de glucose sanguin erratiques et des lésions hépatiques. De toute
façon, votre chien préférera le goût carné d'un dentifrice pour chien, que
vous pouvez acheter sur internet, dans les cabinets vétérinaires et dans de
nombreuses animaleries. Le dentifrice pour chien agit par action enzymatique. Les enzymes présentes dans le dentifrice dissolvent toute nouvelle
accumulation de tartre à la surface des dents, réduisant ainsi les bactéries
et rafraîchissant l'haleine.

Idéalement, la meilleure méthode d'application du dentifrice est avec une brosse à dents. Vous pouvez acheter des brosses à dents pour chien qui sont conçues pour une utilisation facile et qui sont plus fermes que les brosses à dents humaines. Cependant, les brosses à dents à doigt fonctionnent également bien si une brosse à dents pour chien n'est pas tolérée. Pour les chiens plus âgés et qui ne sont pas habitués à se faire brosser les dents, étaler le dentifrice sur les dents est préférable à ne pas utiliser de dentifrice du tout, car l'action enzymatique seule aidera à dissoudre le tartre. Assurez-vous que toutes les dents sont couvertes, y compris les petites incisives à l'avant et les molaires tout au fond. Les joues musclées de votre Staffie devront être bien tirées en arrière pour atteindre ces dents.

Lorsque vous avez terminé de brosser les dents de votre chien, assurez-vous que cela est suivi de beaucoup de renforcement positif. Les chiens plus sensibles, ou ceux qui n'y sont pas habitués, peuvent trouver le brossage des dents un peu stressant, donc plus vous êtes positif, plus votre Staffie l'acceptera.

Friandises dentaires

Les friandises dentaires sont un moyen agréable de garder les dents de votre chien en bonne santé, et une méthode qu'il appréciera certainement. Votre chien ne saura pas que cette délicieuse friandise est en fait pour son bien. Il est important de noter que, bien que donner des friandises dentaires soit beaucoup plus facile que le brossage, elles ne remplacent pas ce dernier. Elles doivent toujours être utilisées en combinaison.

Les friandises dentaires sont conçues pour fournir une forme d'abrasion ou de friction à la surface de la dent afin que le tartre soit brisé ou éliminé. Comme toutes les friandises, elles ne sont pas sans calories, et il est donc important de calculer combien de calories doivent être retirées de l'alimentation normale de votre chien. Sinon, vous risquez de vous retrouver avec un Staffie plutôt en surpoids.

Certains propriétaires trouveront les friandises dentaires ordinaires trop malsaines et préféreront opter pour un type de friandise plus naturel. Ces options comprennent généralement des os, des bois de cerf et des oreilles de porc. Sachez que, comme ils sont tous durs, s'ils sont avalés, ils peuvent entraîner des obstructions intestinales potentiellement mortelles. Par conséquent, si vous en donnez, vous devriez surveiller votre Staffie en permanence. Parmi ces options, les bois de cerf sont les plus sûrs à donner à votre chien. Non seulement votre chien n'ingère rien, et donc vous n'avez pas à vous soucier des calories supplémentaires, mais les bois de cerf ne se brisent pas comme les os, ce qui réduit considérablement le risque d'obstructions ou de perforations gastriques. De plus, les bois de cerf ne sentent pas et durent beaucoup plus longtemps que les autres friandises naturelles.

Solution dentaire

La solution dentaire est facile à ajouter à la routine quotidienne de votre chien. Tout comme le bain de bouche humain, elle doit être utilisée quotidiennement pour faire une différence. Lorsque vous utilisez un bain de bouche pour chien, vous n'avez pas besoin de rincer la bouche avec chaque jour. Au lieu de cela, il peut être ajouté à son eau à boire, à condition que l'eau soit changée quotidiennement. Vous ne devriez jamais envisager d'utiliser un bain de bouche humain, car comme le dentifrice humain, il est toxique pour les chiens et peut causer des dommages aux organes internes.

La solution dentaire fonctionne de manière similaire au dentifrice. Elle contient des enzymes qui aident à dissoudre le tartre nouvellement formé sur les dents. Cependant, elle ne décomposera pas le tartre qui s'est accumulé depuis un certain temps. La solution dentaire peut se présenter sous diverses saveurs, mais la menthe est populaire. Certains chiens n'aiment pas cette saveur dans leur eau à boire, vous devriez donc surveiller la consommation d'eau pour vous assurer qu'il continue à boire suffisamment.

Alimentation dentaire

Il existe sur le marché plusieurs aliments dentaires pour chiens proposés par des fabricants de premier plan qui s'avèrent très efficaces. L'alimentation dentaire n'existe qu'en forme de croquettes sèches, car les aliments humides n'ont aucun effet positif sur les dents. Le principe est que les croquettes sont assez grandes, ce qui oblige le chien à les mordre avec un certain effort avant de pouvoir avaler la nourriture. Les morceaux de croquettes ont une texture qui crée une abrasion contre le bord de la dent, éliminant ainsi une partie de l'accumulation de tartre.

Si votre chien a de belles dents, il n'est pas nécessaire de changer son régime alimentaire pour un régime dentaire. Au lieu de cela, une nourriture sèche normale est généralement suffisante pour gérer l'accumulation de tartre.

Crédit photo :
Shelby Hanby

Procédures dentaires

Avec les soins dentaires mentionnés ci-dessus dès le plus jeune âge, vous n'aurez, espérons-le, jamais besoin de faire subir une procédure dentaire à votre chien. Cependant, si vous avez adopté un chien plus âgé, ou si vous n'avez pas été constant avec les soins dentaires de votre chien, il pourrait avoir besoin d'une procédure dentaire à un moment donné. Chaque année, lorsque vous emmenez votre chien chez le vétérinaire pour son rappel de vaccin annuel, votre vétérinaire devrait vérifier ses dents. Il pourra vous recommander si une procédure dentaire serait bénéfique.

Les procédures dentaires sont rarement difficiles, et n'importe quel vétérinaire généraliste pourra les réaliser dans son cabinet. La plupart des cabinets vétérinaires effectuent des procédures dentaires quotidiennement, donc la plupart des vétérinaires auront beaucoup d'expérience dans ce domaine.

Une procédure dentaire est une intervention d'une journée et votre Staffie ne sera pas loin de vous plus d'une journée, tant qu'il n'y a pas de complications. La procédure nécessitera une anesthésie générale, car les outils dentaires peuvent être tranchants et essayer de les utiliser sur un Staffie conscient, agité et excité est une catastrophe en devenir.

Vous devrez déposer votre chien le matin, sans qu'il ait pris de petit-déjeuner, car l'anesthésie peut provoquer des nausées chez les chiens. Une fois que votre chien a reçu l'anesthésie, le vétérinaire commencera par détartrer les dents. Cela élimine tout le tartre et permettra au vétérinaire d'évaluer pleinement la jonction entre la couronne et la racine. Ensuite, il passera une sonde autour des racines des dents, et s'il y a des poches dans le ligament parodontal ou des dents branlantes, celles-ci devront être retirées.

Pour extraire une dent, il faut d'abord affaiblir et rompre le ligament parodontal. Cela se fait en utilisant un outil appelé élévateur. Une fois que la dent est déchaussée, une légère traction sera utilisée pour l'extraire. Parfois, le vétérinaire fermera l'alvéole avec un point de suture, et parfois elle sera laissée ouverte, selon la santé de la bouche, en termes de charge bactérienne, et la taille du trou.

Après la procédure dentaire de votre Staffie, s'il a eu des dents extraites, il pourrait avoir besoin d'une alimentation molle pendant quelques jours ; cependant, sa bouche sera beaucoup plus confortable qu'elle ne l'était auparavant, quel que soit le type d'alimentation. Votre vétérinaire pourrait vouloir réexaminer la bouche quelques jours plus tard pour s'assurer que les alvéoles guérissent bien.

La prévention est toujours préférable au traitement, donc même si votre vétérinaire peut faire en sorte que la bouche de votre Staffie ressemble à nouveau à celle d'un chiot, maintenir la bouche de votre Staffie en bon état dès son plus jeune âge est toujours une meilleure option. Avec des bons soins dentaires dès le départ, vous pouvez vous assurer que votre Staffie a une bouche saine, sans douleur et avec une haleine fraîche.

CHAPITRE 11
Le toilettage

À propos du pelage

Le Staffordshire Bull Terriers est un excellent choix pour ceux qui ne souhaitent pas passer trop de temps sur le toilettage. Son pelage est court et facile d'entretien, et peu importe la fréquence à laquelle vous le brossez, il aura toujours le même aspect. Le poil est plat contre la peau et généralement assez rêche. Il peut se présenter en six variétés de couleurs : rouge uni, fauve, blanc, noir, bleu ou bringé, ou parfois un mélange de plusieurs de ces couleurs.

Bien que le poil soit court, il mue toute l'année, même en hiver. Par conséquent, si votre maison aura nettement moins de poils au sol par rapport à une race à poil long, il faudra tout de même passer l'aspirateur régulièrement. Cela signifie également que votre Staffie pourrait ne pas convenir aux personnes allergiques aux chiens, bien que les allergies canines soient souvent liées aux squames présentes dans le pelage plutôt qu'au poil lui-même.

Santé du pelage

Maintenir le pelage en bon état n'est pas un défi avec les Staffies. Un brossage tous les quelques jours avec une brosse à poils durs pour éliminer les poils morts sera suffisant pour minimiser la mue.

Le pelage d'un Staffie ne devrait pas naturellement sentir mauvais, donc le bain ne doit être donné qu'en cas de nécessité. Des bains trop fréquents peuvent éliminer les huiles naturelles du pelage et assécher la peau, la rendant moins imperméable et plus vulnérable aux agressions extérieures. Un rinçage rapide après une promenade boueuse et un bain complet avec shampoing une fois tous les deux mois sont tout ce qui est nécessaire.

Cela dit, les Staffies sont prédisposés aux allergies cutanées, sujet qui sera approfondi au chapitre 13. Si votre chien souffre d'allergies cutanées, il ne faut pas utiliser un shampoing pour chien ordinaire, car cela peut aggraver les symptômes. Il convient plutôt d'utiliser un shampoing recomman-

Crédit photo :
Bethany Hughes

dé par votre vétérinaire, qui possède généralement aussi des propriétés antibactériennes. Ceci est particulièrement important pour un chien allergique car sa barrière cutanée n'est pas aussi efficace que celle d'un chien normal contre les bactéries commensales régulièrement présentes sur la peau ; ainsi, les infections cutanées sont nettement plus fréquentes chez les chiens souffrant d'allergies.

Parasites externes

Il existe plusieurs types de parasites externes qui peuvent élire domicile dans le pelage de votre Staffie. Une fois installés, il peut être difficile de s'en débarrasser. Par conséquent, la prévention est toujours préférable au traitement.

Le marché regorge de traitements et de préventions antiparasitaires, ce qui peut parfois rendre difficile le choix du produit adapté. Il est préférable de suivre les conseils de votre vétérinaire qui vous recommandera les produits les plus appropriés pour votre chien. Les produits achetés en animalerie sont généralement moins efficaces que ceux achetés chez le vétérinaire, car les vétérinaires peuvent vendre des produits plus puissants et qui rencontrent moins de résistance.

Il existe plusieurs parasites contre lesquels vous pourriez envisager une protection. Les puces sont celles qui viennent généralement en premier à l'esprit. Ce sont des parasites qui sautent et se nourrissent du sang de votre Staffie. Leurs piqûres peuvent être extrêmement irritantes. Ce que la plupart des gens ignorent, c'est que 95 % des puces vivent dans l'environnement plutôt que sur le chien. Donc, si votre chien a un problème, votre maison aussi. Par conséquent, si vous traitez des puces que vous avez déjà vues sur votre chien, en plus de lui donner un produit préventif, vous devriez également traiter votre maison. Vous pouvez le faire en lavant toute la literie à l'eau chaude, en passant soigneusement l'aspirateur, surtout dans les zones sombres et chaudes, et en pulvérisant la maison avec un insecticide anti-puces. Cela devra être fait mensuellement pendant trois mois pour venir à bout d'une infestation, car les produits ne tuent pas les œufs non éclos. Des traitements répétés tueront donc les larves après leur éclosion, avant qu'elles ne deviennent adultes.

Les tiques sont également des parasites externes contre lesquels vous pourriez souhaiter appliquer des produits, soit pour prévenir, soit pour traiter. Les tiques se trouvent généralement dans les zones boisées ou les hautes herbes, en particulier là où la faune sauvage comme les cerfs est également présente. Si vous vivez dans une telle région, un collier an-

Crédit photo :
Kieran Tidyman

ti-tiques à longue durée d'action sur votre chien garantira que la protection ne s'interrompt pas si vous oubliez d'appliquer un traitement. Si votre chien attrape une tique, vous ne la remarquerez peut-être qu'après qu'elle soit restée là quelques jours et qu'elle ait considérablement gonflé en suçant du sang. Les tiques peuvent transmettre des maladies comme la maladie de Lyme, la paralysie par morsure de tique et la babésiose, mais ces cas sont rares. Il est plus probable qu'une tique provoque une infection cutanée locale à l'endroit de la morsure, et elle doit donc être retirée dès qu'elle est découverte. Cela peut être facilement fait avec un tire-tique. Placez les branches de la fourche de chaque côté de la tête de la tique, sous le corps, puis tournez et tirez. N'essayez pas de retirer la tique avec une pince à épiler, car cela finit généralement par casser la tête qui reste dans la peau. Cela peut entraîner des infections et des abcès. Si vous n'êtes pas sûr de pouvoir retirer une tique vous-même, votre vétérinaire ou auxiliaire vétérinaire sera heureux de vous aider.

D'autres parasites externes contre lesquels vous pourriez également souhaiter vous protéger ou traiter sont les poux ou les acariens. Ils sont beaucoup moins courants que les puces et les tiques, et sont susceptibles d'être contractés si votre Staffie a été en contact étroit avec un animal infecté, généralement de la faune sauvage. Un acarien particulièrement préoccupant qui peut être attrapé de cette façon est le Sarcoptes scabiei, responsable de la gale sarcoptique, généralement transmise par les renards. Certains traitements préventifs en spot-on contre les puces protègent également contre la gale sarcoptique, mais il s'agit de traitements disponibles uniquement sur ordonnance chez votre vétérinaire, plutôt que des produits moins chers vendus en supermarché.

La gale démodécique, en revanche, n'est pas contractée auprès d'un autre animal, mais survient lorsque l'un des acariens naturellement présents sur la peau d'un chien, Demodex canis, se développe de manière incontrôlée, généralement en raison d'un système immunitaire affaibli. C'est une affection qui doit toujours recevoir une attention vétérinaire.

Les traitements contre les parasites externes peuvent se présenter sous plusieurs formes, et celui que vous choisissez dépend de vos préférences personnelles et de la facilité d'administration pour votre chien. Il existe des pipettes spot-on, qui s'appliquent sur la peau à l'arrière du cou, des comprimés, des friandises à mâcher, des colliers, des sprays et des shampoings. Chaque marque aura une durée d'efficacité différente, et il ne faut donc pas supposer que chacun doit être appliqué mensuellement.

Coupe des griffes

La coupe des griffes est une partie essentielle de l'entretien de votre chien. Sans coupe régulière, les griffes peuvent devenir excessivement longues et soit s'enrouler et entailler les coussinets de la patte, soit s'accrocher à des endroits et provoquer des entorses aux orteils. Il est préférable d'habituer votre Staffie à la coupe des griffes dès son plus jeune âge, car s'il n'y est initié que plus tard, cela pourrait le rendre nerveux. Si vous avez adopté un Staffie adulte, c'est probablement quelque chose à quoi vous devrez faire face. Il est préférable de procéder lentement, et d'abord l'habituer à l'idée qu'on lui prenne les pattes et qu'on les manipule, avant de passer à la coupe des griffes.

Pour couper les griffes, vous devrez acheter un coupe-griffes dans votre animalerie locale. Ils existent en différentes tailles ; un grand modèle sera le plus approprié pour votre Staffie, car ils ont tendance à avoir des griffes assez grandes et épaisses.

Les griffes sont constituées de kératine, comme nos ongles. Au centre se trouve la pulpe, qui contient des nerfs et des vaisseaux sanguins. Si les griffes sont coupées trop court, il est facile d'atteindre la pulpe et de faire saigner la griffe. Cela peut être très douloureux, et une mauvaise expérience comme celle-ci est quelque chose dont votre chien pourrait se souvenir la prochaine fois. Si votre chien a des griffes claires, vous pouvez généralement voir la pulpe, mais si elles sont noires, il peut être beaucoup plus difficile de déterminer où elle se trouve. Pour certains chiens, vous pouvez retourner la patte, car parfois la kératine n'enferme pas complètement la pulpe, et vous pouvez donc la voir. Pour d'autres chiens, cependant, la kératine peut complètement l'enfermer, et tout ce que vous pouvez faire est de couper lentement de petits morceaux, en restant prudent. Si vous atteignez accidentellement la pulpe, ne paniquez pas ; appliquez simplement une pression ferme avec un tampon de coton pendant cinq minutes. Si vous n'êtes pas sûr de couper vous-même les griffes, vous pouvez demander à votre vétérinaire, auxiliaire vétérinaire ou toiletteur de le faire pour vous.

Vous n'aurez pas besoin de couper les griffes aussi fréquemment si elles sont naturellement maintenues courtes. Cela peut se faire en promenant régulièrement votre chien sur des sols plus durs comme le béton et les trottoirs.

Crédit photo :
Holly Arrow

Nettoyage des oreilles

Les oreilles sont généralement autonettoyantes, donc pour de nombreux Staffies, vous n'aurez pas à les nettoyer régulièrement. Cependant, si votre Staffie adore nager, met sa tête dans des trous, ou souffre d'allergies cutanées, il peut être plus susceptible d'avoir des oreilles sales et enflammées, ce qui peut conduire à des infections auriculaires. Un nettoyage de routine peut aider à éviter cela. En fin de compte, vous devriez nettoyer les oreilles de votre chien aussi fréquemment que votre vétérinaire le recommande, mais une bonne recommandation est de les nettoyer après chaque baignade dans un lac sale, ou une fois toutes les deux semaines si votre Staffie souffre d'allergies cutanées.

Le nettoyant auriculaire sert à plusieurs fins. Il élimine l'accumulation de cérumen et de débris, et assure également que l'environnement de l'oreille est à un pH où les bactéries et les levures ne se développent pas. Il existe de nombreux nettoyants auriculaires sur le marché, mais votre clinique vétérinaire locale vendra une marque approuvée par les vétérinaires.

Pour nettoyer l'oreille, soulevez le pavillon de l'oreille et insérez l'embout dans le conduit auditif. Donnez une généreuse pression sur le flacon, puis placez le pavillon de l'oreille sur la sortie du conduit auditif pour que le nettoyant ne puisse pas s'échapper. Massez l'oreille pendant environ une minute, puis lâchez et reculez. Votre chien secouera probablement la tête, et c'est une bonne chose, car cela fait remonter tout le cérumen vers le haut du conduit auditif. Une fois que cela s'est produit, vous pouvez l'essuyer doucement avec du coton, puis répéter l'opération de l'autre côté.

Glandes anales

Si vous avez déjà senti un chien dont les glandes anales sont pleines, vous ne l'oublierez jamais. Les glandes anales ont une odeur de poisson particulière et répugnante, et si elles sont pleines ou impactées, votre chien se sentira très inconfortable. Vous pourriez le remarquer en train de traîner son arrière-train sur le sol pour se soulager, ou en train de lécher constamment son arrière-train. Si vous êtes particulièrement malchanceux, vous pourriez trouver une ou plusieurs taches à l'odeur extrêmement forte sur la literie de votre chien ou sur votre canapé, ce qui indiquera qu'il a un problème de glandes anales.

Les glandes anales sont deux sacs vestigiaux situés à 4 heures et 8 heures juste à l'intérieur de l'anus. Si votre chien a eu récemment des selles molles, ou si ses glandes anales sont anormales en forme ou en position, des matières fécales peuvent facilement y rester coincées. Cela conduit à des impactions et des abcès si le problème n'est pas traité.

Votre vétérinaire, auxiliaire vétérinaire ou toiletteur peut vider les glandes anales de votre Staffie en insérant doucement un doigt dans l'anus et en les pressant. La plupart des toiletteurs vérifient les glandes anales de façon routinière lors d'une visite de toilettage, bien que ce ne soit pas nécessaire si votre chien a rarement des problèmes avec elles. Cependant, si vous constatez que votre Staffie a fréquemment des impactions des glandes anales, les maintenir aussi vides que possible avec des contrôles de routine, ainsi qu'augmenter les fibres dans son alimentation avec des compléments de fibres pour garder les selles fermes, aidera grandement son confort.

CHAPITRE 12
Médecine vétérinaire préventive

Bien que vous puissiez avoir la chance de posséder un chien qui passe très peu de temps chez le vétérinaire, il est toujours possible que votre Staffie ait un tempérament qui l'amène à s'y retrouver assez fréquemment. Mâchouiller des jouets et les avaler, dévorer un gâteau aux fruits entier volé sur le comptoir, ou courir à travers des buissons ou des fils barbelés et se blesser sont des scénarios courants. Il est donc judicieux de trouver dès le départ un vétérinaire que vous appréciez et en qui vous avez confiance. Ce chapitre vous aidera à comprendre vos options concernant le choix d'un vétérinaire et l'obtention de traitements préventifs.

Choisir un vétérinaire

Choisir un vétérinaire est aussi important que choisir un médecin. Vous voudrez en trouver un en qui vous pouvez avoir confiance, qui a un comportement agréable avec votre Staffie, et qui est disponible quand vous en avez besoin. Vous devriez toujours chercher à proximité de votre domicile, car parfois vous pourriez avoir besoin d'emmener votre chien chez le vétérinaire en urgence. De plus, pour les rendez-vous de routine, il est plus pratique si votre vétérinaire est dans le coin. Mais il y a de nombreux autres facteurs à prendre

Crédit photo :
Ian Dawson

115

en compte lors du choix d'un vétérinaire, du coût aux connaissances, en passant par les services et plus encore.

Prix

Les frais vétérinaires ne sont pas bon marché, donc trouver un vétérinaire abordable peut être une priorité pour vous. Cela dit, vous obtiendrez souvent ce pour quoi vous payez, et un vétérinaire plus cher peut avoir plus d'expérience ou de meilleurs équipements. Les prix diffèrent souvent entre les chaînes de cliniques vétérinaires et les cabinets vétérinaires indépendants. Les grandes chaînes corporatives, gérées depuis un siège social, auront moins de frais généraux car ceux-ci sont répartis sur l'ensemble de l'entreprise. Elles pourront également commander en gros et ont généralement des accords avec des laboratoires pharmaceutiques pour maintenir leurs prix bas. Elles peuvent aussi organiser des offres spéciales à l'échelle de l'entreprise, comme la « semaine dentaire » ou la « semaine de sensibilisation aux masses », où vous bénéficiez de contrôles dentaires ou de masses gratuits.

Les cabinets vétérinaires indépendants sont généralement un peu plus chers que les chaînes, cependant dans ce type de structure, vous trouverez une ambiance familiale, et généralement du personnel plus expérimenté qui travaille dans le cabinet depuis une grande partie de sa carrière.

Il vaut également la peine de vérifier si votre potentiel nouveau cabinet vétérinaire propose des forfaits mensuels pour suivre vos traitements préventifs. Certains proposeront une formule où vous payez une cotisation mensuelle qui couvre vos vaccins, traitements vermifuges, traitements antipuces, et une réduction sur la nourriture et les services. C'est une formule utile à laquelle souscrire, car elle permet d'économiser beaucoup d'argent à long terme, et vous rappelle également de traiter régulièrement votre Staffie.

Service de garde

Vous trouverez une grande variété d'approches concernant les services de garde dans différents cabinets vétérinaires. Certains fourniront des services de garde toute la nuit, d'autres assureront des services jusqu'en soirée puis passeront à un prestataire externe, et d'autres encore utiliseront un service de garde externe toute la nuit et le week-end.

Chacun aura ses préférences individuelles quant à l'option qu'il préfère. L'avantage d'avoir votre vétérinaire qui assure les services de garde est que vous savez à qui vous aurez affaire. Ce sera un environnement familier

Crédit photo :
Ffion Stapleton

pour votre chien, ce qui réduira une partie du stress dans une situation déjà stressante au milieu de la nuit.

Néanmoins, un prestataire externe présente également des avantages. Bien que vous deviez vous rendre dans un cabinet vétérinaire non familier et voir un visage inconnu, les vétérinaires qui travaillent pour des prestataires spécialisés en service de garde sont souvent des spécialistes en soins d'urgence et critiques. Ils ne travaillent également que pendant les gardes de nuit ou de week-end, ce qui signifie qu'ils seront plus frais que votre vétérinaire local assurant le service. Malheureusement, les prestataires externes sont souvent plus chers que si un vétérinaire local assurait les services de garde.

Spécialistes

Les cabinets vétérinaires peuvent varier considérablement en nombre de personnel, ainsi qu'en expérience. Certains cabinets seront de simples structures unipersonnelles, tandis que d'autres peuvent avoir des équipes de 15 vétérinaires ou plus travaillant sous un même toit. Avec un plus grand nombre de membres du personnel, il y a également un potentiel de variation plus important en termes d'expérience. Certains vétérinaires peuvent être récemment diplômés, tandis que d'autres peuvent avoir des qualifications spécialisées. Il est toujours pratique de consulter un cabinet qui emploie des vétérinaires avec des qualifications supplémentaires dans des domaines tels que l'ophtalmologie, l'orthopédie et la cardiologie, car si votre Staffie a un jour un problème, il peut être examiné et traité dans un cabinet vétérinaire familier. Cela évite la nécessité d'une orientation vers un centre spécialisé.

Services supplémentaires

Certains cabinets vétérinaires offrent également des services supplémentaires, qui peuvent ou non vous intéresser. Il peut s'agir de services de toilettage, de pension, de consultations avec des auxiliaires vétérinaires, de cliniques de contrôle du poids, de cliniques pour diabétiques et d'école du chiot. Avoir accès à ces services est une excellente occasion d'amener votre chien chez le vétérinaire pour une expérience positive, plutôt que seulement lorsqu'il est malade ou a besoin de sa vaccination annuelle.

Vaccinations

Tous les chiens devraient être vaccinés, car il existe des maladies mortelles dans le monde canin, et il est donc négligent de ne pas vacciner votre chien. La plupart des écoles du chiot et des pensions exigeront que tout chien participant soit à jour dans ses vaccinations essentielles. Malgré cela, certaines personnes sont fortement opposées aux vaccins. Si c'est votre cas, il vaut la peine de permettre à votre chiot de recevoir au moins sa première série de vaccinations, puis de faire une analyse sanguine chaque année pour vérifier que ses niveaux d'immunité sont toujours suffisants.

Le protocole de vaccination initial variera selon la marque du vaccin, mais en général, il nécessitera deux ou trois injections, espacées d'environ 3 à 4 semaines. Après cela, un rappel annuel est tout ce qui est nécessaire pour maintenir l'immunité. Les maladies suivantes font l'objet d'une vaccination de routine :

- **Maladie de Carré** – Cette vaccination se fait sous forme d'injection. La maladie de Carré provoque de la toux, des éternuements, des vomissements, de la diarrhée, de la léthargie et des yeux rougis, avant de se propager au cerveau et de causer des symptômes tels que des convulsions. Elle provoque également un durcissement des coussinets et de la truffe.

Crédit photo :
Margaret Pilawa

Crédit photo :
Tammy Duffy

- **Hépatite** – Cette vaccination se fait sous forme d'injection. L'hépatite est une inflammation du foie causée par l'Adénovirus Canin. Elle provoque des symptômes tels que des douleurs abdominales, de la léthargie, de la diarrhée, des vomissements, un gonflement des ganglions lymphatiques, une perte d'appétit, un gonflement du cerveau et finalement la mort.

- **Parvovirose** – Cette vaccination se fait sous forme d'injection. La parvovirose est une maladie potentiellement mortelle qui est courante chez les chiots. Elle provoque une diarrhée sanglante abondante et parfois des vomissements. Les chiots meurent rapidement de déshydratation. Elle est extrêmement contagieuse.

- **Leptospirose** – Cette vaccination se fait sous forme d'injection. Jusqu'à quatre souches sont vaccinées selon la marque du vaccin. Les chiens entrent en contact avec la leptospirose par l'eau contaminée. Elle affecte les reins, le foie, le système nerveux central et le système reproducteur et provoque des symptômes tels que vomissements, diarrhée, léthargie, fièvre et jaunissement de la peau et des yeux.

- **Parainfluenza et Bordetella** – Ces vaccinations sont administrées en combinaison dans un vaccin qui est pulvérisé dans une narine du chien. Ensemble, elles forment une maladie complexe appelée Toux du Chenil. C'est une maladie respiratoire hautement contagieuse qui provoque une inflammation de la trachée, une toux sèche et des expectorations abondantes.

- **Rage** – Cette vaccination se fait sous forme d'injection. Dans les zones où la rage est endémique, il est vital que cette vaccination soit administrée. La rage est un virus très dangereux qui peut être transmis aux humains par morsure. Elle provoque une salivation excessive, de l'agressivité et des changements de comportement qui progressent rapidement vers la mort en moins d'une semaine pour 100 % des cas présentant des symptômes cliniques.

Bien que cela semble être beaucoup de vaccinations, la plupart des fabricants combineront les quatre premières en une seule injection, afin que votre chien ne ressemble pas à un coussin à épingles.

Identification électronique

L'identification électronique est une partie essentielle des soins à apporter à votre chien. Si votre chien se perd, est volé ou s'enfuit, il pourrait facilement perdre une médaille d'identification sur un collier ; cependant, il ne peut pas perdre une puce électronique qui a été implantée.

Les puces électroniques sont de petits morceaux de métal de la taille d'un petit grain de riz, insérés sous la peau dans la région des omoplates. Lorsqu'elle est scannée, un numéro unique est révélé. Ce numéro est enregistré avec vos coordonnées auprès de la société de puces électroniques, et vous pouvez donc facilement être réuni avec votre chien.

Comme discuté dans le chapitre 8, les puces électroniques ne sont utiles que si vous gardez vos coordonnées à jour auprès des fabricants de puces. Si vous changez de numéro de téléphone portable ou déménagez, il est de votre responsabilité d'en informer la société de puces électroniques et/ou votre vétérinaire.

Si vous avez adopté un chien, il y a de fortes chances que votre Staffie ait été pucé par l'association ou le propriétaire précédent. Cela ne sera pas initialement enregistré à votre nom, mais plutôt au nom de l'organisme de secours. La plupart des organismes de secours exigent que vous gardiez la puce à leur nom pendant plusieurs mois jusqu'à ce qu'une période d'essai soit terminée, après quoi vous pourrez changer les coordonnées à votre nom.

Parasites internes

Une partie des soins de routine pour votre Staffie devrait être de lui fournir un traitement préventif contre les parasites internes tels que les vers ronds et les ténias. Cela peut se faire en lui donnant un comprimé, une friandise vermifuge ou une pipette spot-on sur l'arrière du cou.

Vous constaterez peut-être que certains traitements antipuces contiennent également des traitements contre les vers ronds, il est donc important de consulter votre vétérinaire pour vous assurer de ne pas administrer une double dose.

Le vermifuge doit être administré tous les trois mois si votre Staffie fouille partout ou tous les six mois s'il ne le fait pas. C'est parce qu'il est beaucoup plus susceptible de ramasser un animal mort plein de vers s'il renifle des choses lors d'une promenade. L'exception à cette règle est si vous vivez dans une région où les vers pulmonaires sont répandus. Ceux-ci peuvent se trouver à l'intérieur des escargots et des limaces, qui, bien que répugnants pour nous, sont adorés par certains chiens ! Si vous vivez dans l'une de ces régions, un vermifuge mensuel contre les vers ronds offrira à votre chien une protection préventive contre cela.

Stérilisation

Que vous décidiez ou non de stériliser votre Staffie est une préférence personnelle ; cependant, la stérilisation présente des avantages majeurs pour sa santé si vous ne souhaitez pas l'utiliser pour la reproduction.

La stérilisation d'un chien mâle s'appelle la castration. L'image stéréotypée d'un Staffordshire Bull Terrier est celle d'un chien debout avec un propriétaire masculin, portant un collier ou un harnais en cuir clouté, et deux testicules très proéminents en évidence. Cependant, vous n'avez pas besoin de maintenir cette image machiste, et votre chien pourrait vous en remercier si vous ne le faites pas.

Il y a de nombreux avantages à castrer un chien mâle, tant en termes de santé générale que de comportement. Si castré jeune, votre Staffie n'aura pas encore ressenti l'envie ou appris des comportements antisociaux. Ceux-ci peuvent inclure l'agressivité entre chiens, le marquage de territoire, la tentative d'être dominant dans le foyer et la recherche constante de femelles en chaleur. La castration d'un chien peut réduire ou prévenir tous ces comportements, à moins que vous ne choisissiez de le castrer plus tard dans sa vie, auquel cas ils seront ancrés et un comportementaliste pourrait devoir être consulté pour les gérer.

En plus de réduire les comportements indésirables, la castration d'un chien peut éliminer de nombreux risques pour la santé, tels que le cancer des testicules, le cancer de la prostate et l'hyperplasie de la prostate.

La procédure de castration est extrêmement rapide et facile à réaliser pour un vétérinaire. La plupart des procédures ne nécessitent qu'une visite d'une demi-journée chez le vétérinaire, et votre chien sera de retour à la normale le lendemain, sans se rendre compte de ce qui lui est arrivé.

La stérilisation d'une chienne est connue sous le nom d'ovariectomie ou ovariohystérectomie. Il y a encore plus d'avantages à stériliser une chienne, et donc toutes les femelles non destinées à la reproduction devraient être stérilisées. La procédure de stérilisation est cependant plus invasive que la procédure de castration, car elle nécessite que votre Staffie ait une incision dans son abdomen. Cela peut être fait normalement, ou par laparoscopie, selon l'équipement et l'expérience de votre vétérinaire. Une procédure de stérilisation normale entraînera une incision plus grande et retirera à la fois les ovaires et l'utérus, tandis qu'une stérilisation laparoscopique ne prendra que les ovaires et laissera une très petite incision, mais le temps chirurgical est beaucoup plus long.

Les avantages d'une stérilisation sont nombreux, notamment la réduction significative du risque de cancers mammaires, et l'élimination du risque de cancers ovariens, de cancers utérins et d'infections utérines potentiellement mortelles connues sous le nom de pyomètres. Les stérilisations laparoscopiques, bien qu'elles laissent l'utérus en place, élimineront également le risque de pyomètres, car les pyomètres sont causés par des hormones qui seront absentes après le retrait des ovaires. Cela éliminera également le risque de grossesses non désirées et d'attention indésirable de la part des chiens mâles. Une fois que votre Staffie femelle a été stérilisée, elle n'aura plus de chaleurs, qui peuvent être salissantes à la maison et empêcher la socialisation pendant cette période.

Malheureusement, la stérilisation comporte un risque d'effets secondaires, dont le plus courant est la fuite d'urine plus tard dans la vie. Cela s'appelle l'Incompétence du Mécanisme du Sphincter Urétral (IMSU). Le sphincter urétral est une bande musculaire fermant la sortie de la vessie de votre chien. Il a plus de tonus lorsqu'il a été en contact avec plus d'œstrogènes. Cela signifie que les chiennes qui ont été stérilisées, en particulier celles qui ont été stérilisées avant leurs premières chaleurs, ont plus de risques de développer une IMSU plus tard dans leur vie. La bonne nouvelle

est que cela peut être contrôlé avec succès grâce à un médicament quotidien, disponible chez votre vétérinaire.

CHAPITRE 13
Maladies et affections

Comme pour tous les chiens pure race il y a inévitablement eu une certaine consanguinité entre parents proches par rapport aux chiens issus de croisements. Malheureusement, cela peut conduire à l'accentuation d'une génétique défavorable et à une surreprésentation de certaines maladies au sein de la race. Grâce à l'héritage génétique diversifié du Staffie, il s'agit généralement d'une race assez saine ; cependant, certaines affections sont plus fréquentes que d'autres. Dans ce chapitre, nous explorerons les différentes maladies et affections auxquelles le Staffordshire Bull Terrier est prédisposé.

Dysplasie de la hanche et du coude

La dysplasie articulaire de la hanche ou du coude est une affection courante chez les races de chiens pure race, et le Staffie ne fait pas exception. La hanche est une articulation sphéroïde où la tête du fémur (la sphère) s'insère dans une cavité du bassin. Normalement, cet assemblage devrait être parfait, comme les pièces d'un puzzle, mais lorsqu'un chien souffre de dysplasie de la hanche la sphère ou la cavité sont malformées. Lorsque les formes ne correspondent pas bien, l'articulation est moins stable lors des mouvements. Dans les cas graves de dysplasie de la hanche, la sphère peut se luxer hors de la cavité lors des mouvements, ce qui entraîne une démarche instable et oscillante si on l'observe de derrière.

La dysplasie du coude, quant à elle, comporte de nombreux éléments différents. Ce n'est pas une articulation aussi simple que la hanche, et la dysplasie du coude peut présenter plusieurs anomalies de développement. Le problème le plus courant dans la dysplasie du coude est l'ostéochondrite disséquante (OCD). Il s'agit d'un lambeau de cartilage articulaire qui se détache de la surface. En plus de cela, plusieurs projections peuvent se détacher. On parle alors de non-union du processus anconé (NUPA) et de fragmentation du processus coronoïde médial (FPCM). Cela conduit finalement à une boiterie ou à une démarche inhabituelle.

La dysplasie articulaire est généralement diagnostiquée à partir de radiographies ou d'arthroscopie ; cependant, la plupart des vétérinaires peuvent avoir une idée précise qu'un chien souffre de dysplasie de la

Crédit photo :
Leah Hill

Crédit photo :
Ian Dawson

hanche ou du coude à partir d'un simple examen clinique. La dysplasie articulaire est une affection héréditaire, et elle est donc généralement diagnostiquée dès le jeune âge. Les radiographies peuvent confirmer la dysplasie dès que le chien a atteint sa taille adulte. Il est préférable de savoir si un chien souffre de dysplasie ou non dès son plus jeune âge, car si elle n'est pas détectée, l'arthrose s'installera précocement. Cela peut être atténué par des changements de mode de vie, comme garder votre chien sous contrôle lors des promenades avec un minimum de sauts, et des thérapies physiques, comme l'hydrothérapie, pour développer la musculature. Les compléments articulaires aident également à maintenir la santé des articulations. Le poids du chien joue également un rôle important dans la gestion des articulations, car un chien plus léger subira moins de force gravitationnelle sur les articulations, et donc moins de stress. Inévitablement, tous les chiens souffrant de dysplasie articulaire développeront un jour de l'arthrose ; l'objectif est de l'éviter le plus longtemps possible.

Pour les cas graves de dysplasie du coude et de la hanche, la chirurgie est une option pour améliorer l'articulation. Dans la dysplasie du coude, la chirurgie implique généralement l'ablation de fragments osseux ou cartilagineux. Parfois, une NUPA peut être refixé à l'aide de vis, si la chirurgie est effectuée à un très jeune âge. En cas de dysplasie de la hanche, l'articulation peut être modifiée en retirant la tête du fémur, en la remodelant et en la remplaçant, ou en l'enlevant complètement. Pour la dysplasie de la hanche comme pour celle du coude, le remplacement total de l'articulation est le traitement chirurgical de référence, mais les implants ont un coût élevé, car cette chirurgie nécessite une immense compétence du chirurgien et des pièces d'implant coûteuses.

La prévention est toujours préférable au traitement, donc acheter un chiot auprès d'un éleveur qui a fait radiographier et évaluer les articulations des parents vous aidera à éviter d'acheter un chien avec une mauvaise génétique. L'évaluation des hanches et des coudes peut être effectuée par la Société Centrale Canine (SCC) en France.

Luxation de la rotule

Le Staffordshire Bull Terrier peut également être prédisposé à une autre affection articulaire, connue sous le nom de luxation de la rotule. La rotule est plus communément connue sous le nom de « rotule du genou ». Il s'agit d'une section osseuse, attachée par plusieurs ligaments, qui court dans une rainure lisse à l'extrémité du fémur. Normalement, cette rainure a des bords suffisamment hauts pour que la rotule reste dans la rainure, mais lorsqu'un chien souffre de luxation de la rotule, le côté interne (connu sous le nom de médial) de la rainure est trop peu profond. Cela provoque le glissement de la rotule hors de la rainure vers l'intérieur de l'articulation du genou.

Crédit photo :
Kelly Harvey

Dans certains cas, la rotule se remettra automatiquement en place lorsque le chien bouge son articulation, tandis que dans d'autres cas, elle restera luxée. Pour cette raison, la luxation de la rotule est classée sur une échelle de 1 à 4, 1 étant extrêmement léger, et 4 lorsque la rotule est bloquée en position luxée. Généralement, la luxation de la rotule de niveau 1 est découverte fortuitement lors d'un examen par un vétérinaire pendant le bilan annuel, car elle provoque rarement une boiterie et passe donc inaperçue pour les propriétaires. Le seul signe clinique que certains chiens peuvent présenter est un saut occasionnel dans leur foulée lorsqu'ils courent. Le niveau 4, en revanche, est plus évident et provoque une boiterie mécanique car le chien ne peut pas utiliser correctement son articulation.

Le diagnostic se fait en deux parties : manipulation et radiographies. Un vétérinaire peut facilement manipuler la rotule pour comprendre la gravité de la luxation. Une fois la luxation de la rotule confirmée, une radiographie sera effectuée pour comprendre le niveau de détérioration de l'articulation, car l'arthrose s'ensuit généralement. Selon l'état de santé de l'articulation sur la radiographie, plusieurs options de traitement seront envisagées. La plupart des cas de luxation de la rotule de niveau 1 sont traités de manière conservatrice avec des compléments articulaires et une gestion du poids pour minimiser le stress inutile sur l'articulation. Les niveaux 2 à 4 sont plus souvent traités chirurgicalement. Il existe plusieurs techniques qu'un chirurgien vétérinaire peut utiliser, et aucune n'est plus avantageuse qu'une autre. Le vétérinaire peut choisir d'approfondir la rainure de la rotule. Cette technique s'appelle une trochléoplastie en coin. Une autre technique est connue sous le nom de transposition latérale de la tubérosité tibiale, qui consiste à déplacer le point d'insertion du tendon rotulien vers l'extérieur de la jambe, créant ainsi une traction dans la direction opposée. La dernière technique, la plus récemment développée, consiste à placer un implant sur la face interne de la rainure pour rehausser la crête interne, rendant ainsi beaucoup plus difficile la sortie de la rotule.

Cataractes

Les cataractes héréditaires sont un problème génétique courant chez les Staffordshire Bull Terriers, et environ 8 % des Staffies sont porteurs du gène. Des tests ADN peuvent être effectués pour dépister cette affection chez les chiens reproducteurs à l'aide d'une analyse de sang ou d'un prélèvement buccal, afin d'éviter d'élever des chiots qui pourraient développer des cataractes.

Alors que la plupart des chiens sont susceptibles de développer des cataractes à un âge avancé, les cataractes héréditaires peuvent commencer à se développer dès les premiers mois de vie et entraîner une perte totale de la vision à l'âge de deux à trois ans. Une cataracte se produit lorsque le cristallin de l'œil commence à devenir opaque et empêche la lumière d'atteindre le fond de l'œil pour être traitée par le cerveau.

Heureusement, les cataractes héréditaires sont dues à un gène récessif, et les deux parents doivent donc avoir le gène et le transmettre à leur descendance pour que celle-ci développe des cataractes. Les porteurs du gène, qui ont un gène sain et un gène de cataracte, ne développeront pas de cataractes, mais ils ne devraient pas être utilisés pour la reproduction.

Les cataractes ne sont pas douloureuses, donc de nombreux propriétaires choisissent simplement de les laisser et de vivre avec un chien aveugle. De nombreux chiens s'en sortent exceptionnellement bien dans

Crédit photo :
Chanelle Terry

la vie en étant aveugles, tant que vous ne déplacez pas les meubles dans la maison et que vous les gardez en laisse pour les promenades. Les Staffordshire Bull Terriers sont également assez intelligents pour apprendre des ordres difficiles comme « stop », « demi-tour », « doucement » et « monte ». Cela les aidera grandement à éviter les problèmes lorsqu'ils ne peuvent pas voir où ils vont.

Pour les propriétaires qui souhaitent traiter les cataractes de leur Staffie, le remplacement complet du cristallin est une option chirurgicale. C'est une chirurgie compliquée et délicate, et elle n'est donc pratiquée que par des vétérinaires ophtalmologistes.

Allergies cutanées

Une affection courante dont souffrent les Staffies est l'allergie cutanée. C'est une affection frustrante à traiter tout au long de la vie, et il n'existe pas de remède. Mais la bonne nouvelle est qu'une fois l'allergie identifiée, elle peut être très bien gérée.

Les allergies se manifestent de différentes façons. La plus courante est une peau qui démange, généralement dans les régions du ventre, de l'aine, des aisselles et des pattes. Les conduits auditifs peuvent également s'enflammer et, dans des cas plus rares, l'intestin peut également être perturbé, entraînant de la diarrhée. Il ne semble pas y avoir de schéma entre les différents allergènes et les différentes zones qui s'enflamment sur le corps, cela varie plutôt d'un cas à l'autre. Les allergènes peuvent inclure des protéines alimentaires (comme le poulet, le bœuf, etc.), des allergènes environnementaux (comme l'herbe, le pollen, etc.) et des allergies aux insectes (comme les acariens, les puces, etc.). Il est rare qu'un chien soit allergique à une seule chose, et généralement plusieurs allergènes sont impliqués. Découvrir lesquels sont les coupables est un processus d'élimination. Il est possible d'effectuer des analyses de sang pour étudier la réaction à différents allergènes, mais ces tests peuvent être coûteux ainsi que non spécifiques et non concluants dans leurs résultats. Néanmoins, dans certains cas, les résultats peuvent être utiles pour éviter les allergènes ou créer un vaccin contre les allergies.

Outre le développement de vaccins contre les allergènes, il existe plusieurs options de traitement pour gérer les allergies. La première consiste à fournir des médicaments qui réduisent l'inflammation de la peau en diminuant la réponse immunitaire aux allergènes. Le plus souvent, on utilise des médicaments stéroïdiens, qui peuvent être administrés sous forme de

comprimés, d'injections, de spray ou de crème. Les stéroïdes sont extrêmement efficaces, mais s'accompagnent d'effets secondaires, tels qu'une augmentation de la faim, une augmentation de la soif et une tension sur le foie.
D'autres formes de médicaments qui agissent de manière similaire comprennent les immunosuppresseurs, comme la cyclosporine, et les antihista-
miniques, comme la chlorphénamine.

Il existe également des moyens d'agir sur la peau afin que la barrière
cutanée soit en meilleure santé et ne s'enflamme pas autant. Le pilier de ce
traitement est la supplémentation en huiles oméga. Lorsque les oméga-3 et
les oméga-6 sont dans un rapport parfait de 1:3, ils développent des effets
anti-inflammatoires significatifs. Cela se produit parce qu'une substance de
type hormone appelée PGE2 est normalement formée dans le processus
inflammatoire, mais les huiles oméga provoquent la formation de PGE3 à
la place, qui est significativement moins inflammatoire. En outre, les sham-
pooings contenant de l'arbre à thé ou de l'avoine aident à garder la peau
propre et exempte de bactéries, qui peuvent provoquer des infections secondaires lorsque la barrière cutanée est faible.

En général, les Staffordshire Bull Terriers ont très peu de problèmes de
santé par rapport à d'autres pure race, et cela est probablement dû au fait
qu'ils sont moins consanguins que d'autres races, et donc le pool génétique
est beaucoup plus large. Néanmoins, il est toujours utile d'être conscient
des maladies et affections qu'ils pourraient développer afin que si votre
Staffie présente des symptômes, ils puissent être traités le plus tôt possible.

CHAPITRE 14
Vivre avec un chien âgé

Vivre avec un Staffordshire Bull Terrier âgé est bien différent que de vivre avec un jeune Staffie. Bien qu'il reste exubérant à bien des égards, il a tendance à adopter un rythme de vie plus calme et posé avec l'âge. Prendre soin d'un chien senior nécessite également quelques ajustements de votre part, en tant que propriétaire. Des aspects tels que l'alimentation, l'exercice et les soins de santé doivent tous être pris en compte. C'est à ce stade de la vie de votre Staffie que l'assurance pour animaux de compagnie s'avère souvent nécessaire, car la plupart des chiens âgés finissent par développer une affection nécessitant de multiples visites chez le vétérinaire ou des soins chroniques. Si vous n'avez pas souscrit une assurance pour votre animal dès son jeune âge, il n'est pas trop tard ; cependant, la compagnie d'assurance risque d'appliquer des frais plus élevés et une franchise plus importante pour un chien senior.

Diet

L'alimentation est étroitement liée à la santé générale de votre Staffie, c'est pourquoi un régime adapté à son stade de vie est important. Les aliments pour chiens seniors sont largement disponibles auprès de la plupart des marques industrielles, il ne devrait donc pas être difficile de trouver une alimentation adaptée dans une animalerie ou un supermarché.

Les aliments pour chiens seniors diffèrent des aliments pour adultes de plusieurs façons. Tout d'abord, la plupart ont une teneur calorique légèrement inférieure. En effet, les chiens deviennent généralement moins mobiles en vieillissant et n'ont pas besoin d'autant de calories pour maintenir le même poids. Garder votre chien senior mince sera très bénéfique pour sa santé, car un excès de poids peut entraîner une insuffisance hépatique, du diabète, une insuffisance cardiaque et des tensions articulaires. Les aliments pour seniors contiennent généralement une teneur plus élevée en fibres pour augmenter la satiété et permettre à votre Staffie de se sentir rassasié plus longtemps, sans avoir besoin de calories supplémentaires.

Les aliments pour seniors contiennent également habituellement des ingrédients supplémentaires pour maintenir une bonne santé cardiaque, cérébrale et articulaire. Cela se fait généralement par l'ajout d'ingrédients riches en acides gras oméga, comme des huiles de poisson ou de graines.

Certains aliments pour seniors peuvent avoir des quantités légèrement différentes de certains minéraux par rapport aux aliments pour chiens plus jeunes. Par exemple, le potassium et le sodium sont étroitement liés au fonctionnement des reins, et ces derniers sont fréquemment fragilisés chez les chiens âgés. Les fabricants d'aliments pour animaux en tiennent parfois compte et modifient l'équilibre minéral de la nourriture.

Enfin, à mesure que les chiens vieillissent, ils ont souvent plus de difficultés à manger. Cela peut être dû à une mauvaise santé dentaire, à de l'arthrite au niveau de la mâchoire, ou simplement à une plus grande sélectivité. Par conséquent, la plupart des aliments pour seniors sont plus faciles et plus attrayants à manger. Cela peut se traduire soit par une palatabilité accrue et un goût amélioré, soit par une texture plus tendre et donc plus facile à mâcher.

Bilans de santé pour seniors

À mesure que votre Staffie vieillit, vos visites chez le vétérinaire devraient être plus fréquentes. C'est important même si votre Staffie ne présente aucun problème. De cette façon, toute affection est détectée très tôt dans l'évolution de la maladie. Un diagnostic précoce peut faire la différence entre la vie et la mort à cet âge, et un traitement rapide garantira que vous pourrez maintenir la santé et la qualité de vie de votre Staffie.

Un bilan de santé pour senior devrait être effectué tous les six mois pour tout chien âgé de plus de huit ans. Cela comprendra un examen physique, la vérification des dents, de la vue, du cœur, des poumons, de l'abdomen et de la température de votre Staffie. Selon les résultats de l'examen physique, votre vétérinaire pourrait souhaiter effectuer une analyse de sang et un test de pression artérielle pour bien comprendre la santé interne de votre Staffie. C'est une bonne idée de le faire chaque année chez les chiens très âgés, car des organes comme le foie ou les reins peuvent se détériorer très rapidement.

De nombreuses compagnies d'assurance seront heureuses de couvrir le coût des bilans de santé pour les patients âgés, mais vous devriez toujours lire les petits caractères de votre police, car chaque police est différente.

Crédit photo : Emma Ceely

Arthrite

Malheureusement, l'arthrite est extrêmement courante chez les chiens âgés. Un chien sur cinq de plus de huit ans qui ne présente aucun symptôme souffre d'arthrite non diagnostiquée. L'arthrite se développe à partir d'une pression anormale continue sur l'articulation. Cela peut être dû soit à une articulation anormale recevant une pression normale, soit à une articulation normale recevant une pression anormale continue.

Comme nous l'avons vu au chapitre 13, les Staffordshire Bull Terriers sont une race prédisposée à la dysplasie du coude et de la hanche. Cela signifie qu'ils peuvent avoir des articulations anormales soumises à une pression normale et, par conséquent, cette race présente un risque plus élevé de développer de l'arthrite.

L'arthrite est une maladie qui affecte l'ensemble de l'articulation, ce qui signifie que ce n'est pas seulement un aspect de l'articulation qui est touché. Au cours de la maladie, le cartilage articulaire se dégrade, l'os sous-chondral s'endommage et le liquide synovial devient plus fin. En conséquence, l'articulation commence à grincer lorsqu'elle bouge et cause une douleur considérable.

Même si vous ne pouvez pas inverser l'arthrite, la bonne nouvelle est qu'il existe de nombreuses options de prise en charge pour garantir que votre vieux Staffie se déplace confortablement. Le traitement de première intention consiste en des anti-inflammatoires non stéroïdiens. Ce sont des médicaments quotidiens qui fonctionnent de manière similaire à la plupart des analgésiques en vente libre que vous pouvez obtenir dans votre pharmacie locale. Cependant, il est important de toujours donner à votre Staffie des médicaments pour chiens et non pour humains.

En plus des médicaments, vous pouvez également envisager de donner à votre Staffie des compléments articulaires. Ils se présentent généralement sous forme de poudres ou de gélules et contiennent de la glucosamine, de la chondroïtine, du MSM et/ou de la moule aux orles verts. Ces ingrédients contiennent les précurseurs nécessaires à la fabrication du cartilage et aident donc à empêcher sa dégradation. Les ingrédients aident également à améliorer la viscosité du liquide synovial, ce qui améliore la lubrification de l'articulation.

La rééducation physique est également un excellent moyen de renforcer la musculature et de soulager la douleur sans avoir recours à davantage de médicaments. C'est bénéfique, car tous les médicaments doivent être filtrés par le foie ou les reins, ce qui soumet ces organes à une certaine tension. La rééducation physique peut prendre trois formes différentes : la physiothérapie, l'hydrothérapie et l'acupuncture.

La physiothérapie est une thérapie qui aide à améliorer la fonction musculaire et la mobilité générale. Elle est souvent utilisée pour les cas orthopédiques et neurologiques ; cependant, ses applications peuvent être infinies. Pour les cas d'arthrite, les muscles ne sont pas utilisés correctement car les articulations sont douloureuses, et la physiothérapie aidera à reconstruire leur force. Il existe plusieurs types d'exercices couramment pratiqués lors des séances de physiothérapie. Le premier type d'exercice est le massage général. Cela améliore la circulation sanguine. L'essentiel des séances de physiothérapie consiste en des exercices qui encouragent le mouvement et l'utilisation fonctionnelle des membres ou l'équilibre. Cela peut se faire en utilisant des ballons d'exercice gonflables pour s'appuyer dessus, ou des objets gonflables pour se tenir debout, afin que le corps doive réagir et ajuster sa position. Cela améliore l'équilibre et tonifie les muscles posturaux. D'autres exercices courants comprennent l'amplitude passive de mouvement, qui consiste à faire bouger les pattes comme une bicyclette lorsque le chien est allongé sur le côté et ne porte pas de poids, ainsi que des exercices tels que s'asseoir puis se lever, et zigzaguer entre des cônes.

Une autre thérapie de rééducation populaire pour l'arthrite est l'hydrothérapie. C'est bien plus qu'une simple séance de natation coûteuse. L'hydrothérapie est généralement pratiquée par des hydrothérapeutes canins, des physiothérapeutes vétérinaires ou des auxiliaires vétérinaires, qui ont tous reçu une formation approfondie. Une séance d'hydrothérapie n'aura pas lieu dans une piscine ordinaire. Généralement, il y aura une piscine spécialement conçue et un tapis roulant sous-marin, spécifiquement pour l'hydrothérapie canine. Des flotteurs sont souvent utilisés pour aider les chiens à rester dans une bonne position dans l'eau, et des jouets peuvent également être utilisés pour encourager une expérience positive. L'hydrothérapie est le plus souvent utilisée pour les chiens qui ont besoin de développer leur musculature sans exercer de pression sur d'autres parties anatomiques du corps.

Enfin, l'acupuncture est une excellente forme de soulagement de la douleur sans médicament. Il existe deux types d'acupuncture : chinoise et occidentale. L'acupuncture chinoise est encore largement pratiquée ; cependant, l'explication de la thérapie est maintenant assez dépassée. Il y a eu des avancées scientifiques majeures dans le monde de l'acupuncture, qui ont donné naissance à l'acupuncture occidentale. On sait maintenant que l'acupuncture fonctionne par la stimulation des nerfs, plutôt que par le flux d'énergie à travers des méridiens. Il y a de nombreux nerfs dans le corps, dont certains voyagent en faisceaux. Ces faisceaux nerveux sont épais et peuvent être ciblés à certains points par des aiguilles d'acupuncture. S'ils sont stimulés par une aiguille, le corps libérera une grande quantité d'endorphines, qui agissent comme une morphine naturelle. Cela provoque un profond soulagement de la douleur, ainsi qu'une relaxation, une légère sédation, une amélioration de la circulation sanguine et une sensation générale de bien-être.

Tous les vétérinaires ne seront pas en mesure d'offrir l'acupuncture, l'hydrothérapie ou la physiothérapie, mais ils sont généralement heureux de référer les patients à des professionnels qui offrent ces services comme thérapies complémentaires pour améliorer la qualité de vie des chiens arthritiques.

Démence

Jusqu'à récemment, il était largement admis que les chiens perdaient certaines fonctions cognitives en vieillissant ; cependant, il existe maintenant une affection reconnue appelée dysfonctionnement cognitif canin. C'est très similaire à la démence chez les humains. Donc, si vous trouvez que votre Staffie âgé n'est plus le chien qu'il était, il y a de fortes chances qu'il en souffre.

Les symptômes les plus courants du dysfonctionnement cognitif canin sont l'apathie, la léthargie, l'errance sans but, l'urine ou la défécation dans des endroits anormaux alors que le chien était auparavant propre, et le réveil à des heures inhabituelles pendant la nuit.

Même s'il n'existe pas de remède contre le dysfonctionnement cognitif canin, votre vétérinaire dispose d'excellents médicaments. Ces médicaments améliorent la circulation sanguine vers le cerveau, ce qui lui permet de recevoir plus d'oxygène et de mieux fonctionner. Vous constaterez peut-être que ce médicament donnera à votre vieux Staffie un tout nouveau souffle de vie.

Détérioration des organes

Avec le vieillissement du corps viennent le vieillissement des organes, et les quatre organes qui subissent le plus de tension sont le cœur, les poumons, le foie et les reins.

Le cœur est un gros muscle qui pompe le sang vers les poumons et dans tout le corps. Lorsque le sang passe par les poumons, il absorbe de l'oxygène. Celui-ci est ensuite pompé vers le reste du corps et utilisé par les cellules avec le glucose, également transporté par le sang. Comme sous-produit, du dioxyde de carbone est produit, que le sang ramène ensuite aux poumons pour être expulsé du corps. À l'intérieur du cœur se trouvent plusieurs valves pour empêcher le reflux sanguin. À mesure que les chiens vieillissent, ces valves peuvent devenir perméables et provoquer un flux sanguin turbulent. Cela oblige le cœur à pomper plus fort pour déplacer la même quantité de sang dans le corps, et en conséquence, le cœur s'agrandit. Il est important de détecter les maladies cardiaques tôt pour arrêter la détérioration du cœur, et il existe de nombreux médicaments disponibles qui améliorent la fonction de pompage.

Le foie est un organe étroitement lié au système digestif. Il a de nombreuses fonctions, notamment la production de bile, qui aide à digérer les graisses, et la filtration des toxines hors du corps. Les animaux âgés souffrant d'insuffisance hépatique peuvent avoir les gencives et les yeux jaunes, connus sous le nom de jaunisse, ainsi que se sentir malades et avoir peu d'appétit. Il peut y avoir de nombreuses raisons à une maladie du foie, mais chez les chiens âgés, elle est généralement liée à la fibrose, aux cicatrices ou au cancer. Bien qu'il n'y ait pas beaucoup de médicaments disponibles pour traiter les maladies du foie, il existe plusieurs compléments sur le marché qui améliorent la fonction hépatique. En plus de cela, un changement d'alimentation vers une nourriture plus faible en protéines réduira la tension sur le foie pour les traiter.

Les reins sont une paire d'organes liés à la vessie. Leur fonction principale est de filtrer les déchets et de produire de l'urine, mais ils jouent également de nombreux autres rôles. Ils sont d'une importance vitale pour réguler la pression artérielle et les équilibres minéraux, et ils jouent également un rôle dans la production de globules rouges. Inutile de dire que s'ils ne fonctionnent pas bien, ils peuvent rendre votre Staffie très malade. La détérioration des reins doit être surveillée lors des analyses de sang de routine pour seniors, car si vous attendez l'apparition de symptômes cliniques, les reins sont déjà détruits à plus de 70 %. Il existe de nombreux médicaments différents que votre vétérinaire peut prescrire pour gérer les maladies rénales ; cependant, ils ciblent tous les symptômes et non la cause profonde. Une fois que les reins sont endommagés, ils sont difficiles à restaurer.

Enfin, il existe une affection des poumons appelée « poumons de vieux chien ». Il est probable que si votre Staffie est un chien âgé, il en souffre à un certain degré. C'est complètement normal, et même si cela peut faire que les poumons ne fonctionnent pas aussi bien qu'avant, ils ne causent généralement aucun mal. Les « poumons de vieux chien » se produisent lorsque les poumons commencent à se fibroser et à perdre leur élasticité. Cela les rend potentiellement plus sensibles aux allergènes inhalés et aux bactéries. Si on les écoute à travers un stéthoscope, ils sembleront plus bruyants que d'habitude. Il n'est pas nécessaire de traiter les poumons âgés, mais il est important d'être vigilant et de consulter rapidement un médecin si vous avez un vieux chien avec une infection pulmonaire, car votre chien pourrait être plus gravement affecté que s'il était plus jeune.

Perte des sens

Vous n'êtes pas seul si vous avez un vieux Staffie aveugle ou sourd. Ce sont deux sens qui sont couramment perdus plus tard dans la vie.

Tous les yeux changent avec l'âge, et il est courant de voir un voile sur la pupille. Cela peut être dû soit à des cataractes, soit à une sclérose nucléaire. À l'œil nu, les deux se ressemblent beaucoup, et ce n'est pas parce que la pupille devient trouble que le chien ne peut pas voir.

La sclérose nucléaire est simplement une condensation des composants qui constituent le cristallin, et les chiens peuvent voir à travers cela. Les cataractes, en revanche, affectent également le cristallin, mais elles sont complètement opaques et entraîneront la cécité du chien. Un vétérinaire pourra faire la distinction entre les deux en regardant dans l'œil avec un ophtalmoscope. Comme nous l'avons vu au chapitre 13, les cataractes sont fréquentes chez les Staffordshire Bull Terriers, et elles ne surviennent pas toujours uniquement à un âge avancé.

Crédit photo :
Rachel Marquis.

Si un chien devient aveugle, c'est généralement un processus lent, ce qui donne au propriétaire le temps de commencer à enseigner des commandes utiles, telles que « attends », « doucement » et « marche ».

De nombreux chiens perdront également leur ouïe, et comme il existe très peu de tests pouvant être effectués pour évaluer l'audition chez les animaux de compagnie, l'étendue de la perte auditive d'un individu est quelque peu subjective. Le propriétaire peut commencer à penser que le chien devient désobéissant et ne répond pas aux ordres, mais en réalité, le chien n'a tout simplement pas entendu l'ordre. Lorsque vous enseignez des commandes à un chiot, c'est une bonne idée d'enseigner également un signal de la main, afin qu'il y réponde également lorsqu'il ne pourra plus entendre. Pour sa sécurité, dans les espaces ouverts ou publics, il est conseillé de garder le chien en laisse, car son rappel n'existera plus.

Contrôle de la vessie

La perte de contrôle de la vessie peut vous sembler dégradante ; cependant, pour votre Staffie, c'est simplement un inconvénient. Malheureusement, cela se produit plus fréquemment avec l'âge, et déterminer la cause profonde est important pour garantir qu'un traitement approprié soit fourni.

Comme nous l'avons vu au chapitre 12, stériliser votre Staffie avant ses premières chaleurs peut augmenter le risque d'incontinence urinaire, car le sphincter urinaire qui ferme la vessie n'aura pas un bon tonus. Ceci est fortement influencé par les œstrogènes, donc si votre Staffie a été stérilisée avant ses premières chaleurs, il y a une chance que le sphincter devienne perméable plus tard dans la vie. Le traitement pour cela est un comprimé ou un sirop quotidien efficace qui remplace l'hormone.

Cela peut facilement être confondu avec une incontinence urinaire pour des raisons neurologiques. Les nerfs qui indiquent au sphincter de se fermer proviennent du niveau de la colonne vertébrale inférieure, donc l'arthrite de la colonne vertébrale, les disques déplacés ou d'autres problèmes spinaux peuvent également entraîner une incontinence urinaire. Le traitement de cela nécessite généralement un neurologue vétérinaire pour diagnostiquer exactement ce qui ne va pas avec la colonne vertébrale et traiter la cause profonde.

Dire au revoir

Pour la plupart des propriétaires, il viendra un moment où vous devrez vous demander si la qualité de vie de votre Staffie s'est tellement détériorée qu'il serait plus gentil de l'endormir. C'est une décision difficile pour tout propriétaire, et qui ne doit pas être prise sans beaucoup de réflexion. Il y a plusieurs aspects qui indiqueront que la qualité de vie de votre Staffie se détériore, et vous pouvez juger ces aspects avec plusieurs questions simples :

1. La queue de votre Staffie remue-t-elle encore régulièrement ?

2. Votre Staffie veut-il encore interagir avec vous ?

3. Votre Staffie mange-t-il encore bien ?

4. Peut-il encore effectuer des activités quotidiennes normales ?

Si vous arrivez à la conclusion qu'il est temps d'envisager d'endormir votre Staffie, alors votre vétérinaire peut effectuer la procédure avec sensibilité. L'injection est simplement une surdose d'anesthésique, qui fera que votre Staffie s'endormira profondément, avant que le cœur ne s'arrête. C'est généralement une procédure paisible, et votre Staffie ne ressentira aucune douleur ni inquiétude à ce sujet.

L'injection peut être administrée à la clinique vétérinaire, à votre domicile ou dans votre voiture au cabinet vétérinaire. L'important est que cela soit fait là où votre chien est à l'aise et paisible, afin que tout se passe le plus en douceur possible. Après cela, vous aurez généralement le choix de faire incinérer votre Staffie ou l'enterrer dans un cimetière animalier.

C'est toujours une décision difficile à prendre d'endormir votre Staffie ; cependant, après coup, vous devriez essayer de vous concentrer sur tous les moments merveilleux que vous avez passés avec votre Staffie, son sourire contagieux et la joie qu'il a apportée à votre vie. C'est le moment de célébrer sa vie, au lieu de pleurer son départ.

REMERCIEMENTS

Je voudrais dédier ce livre au premier Staffie avec lequel j'ai eu une véritable connexion, Chunk. Il y a de nombreuses années, ma mère était bénévole pour le transport de chiens. Il s'agissait généralement de chiens qui vivaient leurs derniers jours dans des refuges, transportés vers des familles d'accueil pour leur donner un peu plus de temps pour trouver un foyer aimant permanent. Un jour, elle est rentrée à la maison avec ce Staffie marron foncé complètement fou, qui débordait d'exubérance. Malheureusement, il était malvoyant, ce qui rendait son exubérance totalement chaotique. C'est ainsi qu'il a brièvement adopté le surnom de Clunky, plutôt que Chunk.

Quand venait la nuit, son hyperactivité se transformait en anxiété. Je n'osais imaginer ce qu'il devait traverser : un changement de situation, des personnes qu'il ne connaissait pas, un visage inconnu, et aucun moyen de voir tout cela. J'ai dormi par terre avec lui cette nuit-là, et progressivement au fil des heures, il s'est rapproché de plus en plus jusqu'à finalement se blottir contre moi. Il a finalement été accueilli par une famille d'accueil compréhensive, a reçu les soins vétérinaires nécessaires pour ses yeux, et la bonne nouvelle, c'est que sa vue a été restaurée.

Avant de rencontrer Chunk, j'avais une vision complètement erronée des Staffordshire Bull Terriers. J'ai appris à les connaître et à les aimer pour ce qu'ils sont : des chiens gentils, attentionnés et doux, débordant d'énergie et de joie.

Enfin, comme toujours, je tiens à exprimer ma gratitude à ma fidèle éditrice, Clare Hardy, qui fait un travail exceptionnel en révisant tous mes écrits. Ses conseils sont inestimables. Elle m'a continuellement apporté un soutien remarquable, et je ne peux imaginer travailler avec quelqu'un d'autre !